SCRATCH pour les KiDS

The LEAD Project

SCRATCH pour les KIDS

Cinquième tirage 2016

no starch press

EYROLLES

Traduction autorisée de l'ouvrage en langue anglaise intitulé *Super Scratch Programming Adventure!* par The LEAD Project (ISBN 978-1-59327-531-0), publié par No Starch Press.

Adapté de l'anglais par Frédéric Pain.

© Groupe Eyrolles, 2015, ISBN : 978-2-212-14111-5

SOMMAIRE

AVANT-PROPOS

Scratch est plus qu'un logiciel, il fait partie d'un projet d'éducation plus vaste. Nous l'avons conçu afin de faciliter l'intégration des enfants dans notre société si complexe et si changeante. En créant des projets avec Scratch, nos jeunes lecteurs apprendront non seulement à écrire des programmes informatiques, mais aussi et surtout à penser de façon créative, à bien raisonner, et à travailler en équipe. Des compétences essentielles pour s'épanouir dans le monde d'aujourd'hui.

C'est vraiment passionnant de découvrir tout ce que les jeunes du monde entier ont déjà créé avec Scratch. Sur le site Internet du logiciel (*http://scratch.mit.edu/*), ils partagent un large éventail de leurs projets : histoires animées, jeux d'aventure, visites guidées, tutoriels interactifs, expériences scientifiques, lettres d'information… Scratch n'est ni plus ni moins qu'un bac à sable numérique où chacun peut donner libre cours à son imagination et devenir un créatif.

Ce livre permettra de faire connaître davantage ce logiciel et ses formidables possibilités créatives auprès du jeune public. Il est né de l'initiative d'un des projets les plus innovants et productifs du monde Scratch, mené par la Fédération des groupes de la jeunesse de Hong Kong. Je me réjouis que leurs idées et activités soient désormais accessibles aux enseignants, parents et enfants du monde entier.

En lisant cet ouvrage, laissez votre inventivité s'exprimer : qu'allez-vous créer avec Scratch ?

Amusez-vous bien !

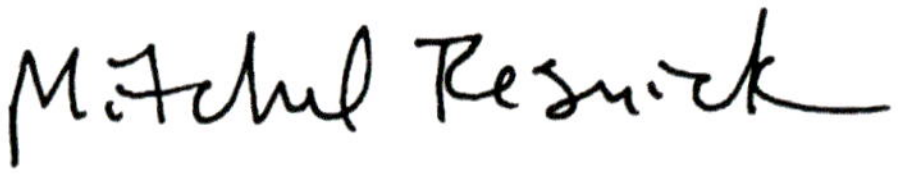

Professeur Mitchel Resnick
Directeur de l'équipe Scratch du MIT
(Massachusetts Institute of Technology)
MIT Media Lab

REMERCIEMENTS

En 2005, la Fédération des groupes de la jeunesse de Hong Kong a créé le projet LEAD (*Learning through Engineering, Art and Design*; en français, «Apprendre par l'ingénierie, l'art et le design») en collaboration avec le MIT Media Lab et l'université chinoise de Hong Kong. Ce projet vise à encourager des activités pratiques, basées sur la conception et l'utilisation créative de la technologie, avec pour objectif de développer un esprit d'innovation auprès de la jeunesse de Hong Kong. Depuis sa création, il a promu l'enseignement de la technologie à grande échelle, en touchant plus d'un million d'étudiants, de parents et d'enseignants.

Scratch pour les kids est le second de nos trois livres sur ce logiciel et le premier à être traduit en français. Il met en avant le côté ludique de l'apprentissage de la programmation avec Scratch, qui offre aux enfants la possibilité d'exploiter les technologies numériques de manière imaginative et innovante.

Nous exprimons toute notre gratitude au MIT Media Lab, qui a été notre partenaire depuis la naissance du projet LEAD en 2005, et en particulier au professeur Mitchel Resnick et à Michael Smith-Welch, qui ont été nos plus fervents supporters depuis le début de cette aventure. C'est grâce à leur soutien indéfectible à Scratch et au projet LEAD que vous pouvez maintenant lire ce livre.

Nous espérons que cet ouvrage sera une source d'inspiration pour vos propres jeux et autres projets avec Scratch.

Dr. Rosanna Wong Yick-ming, DBE, JP
Directrice exécutive
Fédération des groupes de la jeunesse de Hong Kong

À L'ATTENTION DES PARENTS ET DES ENSEIGNANTS

Scratch ouvre les portes d'un univers passionnant de programmation informatique pour les enfants et les autres programmeurs débutants. Pour réaliser les jeux de ce livre avec Scratch 2.0, il est nécessaire d'avoir :

- un ordinateur équipé d'un navigateur Internet récent (Chrome 7, Firefox 4, Internet 7, ou versions supérieures), ainsi que la version 10.2 ou supérieure d'Adobe Flash Player ;
- un écran de résolution minimale 1 024 × 768 ;
- une connexion Internet de bonne qualité ;
- un micro et des haut-parleurs (ou un casque) pour enregistrer et écouter les effets sonores.

Une fois le navigateur et Adobe Flash Player installés sur votre ordinateur, rendez-vous à l'adresse *http://scratch.mit.edu*. Vous pouvez créer un nouveau projet Scratch sans vous inscrire en cliquant sur le bouton **Créer**. Pour ouvrir un compte et enregistrer vos projets, cliquez sur le bouton **Rejoindre Scratch** (voir la section « Rejoindre la communauté » page 15).

Les projets de ce livre sont téléchargeables sur *www.editions-eyrolles.com/go/scratch*. Vous y trouverez les jeux complets et les lutins figurant dans le livre, ainsi que le guide d'introduction « Pour bien commencer avec Scratch » rédigé par l'équipe de Scratch.

NOTE *Pour chaque jeu du livre, il existe deux versions disponibles en ligne. L'une est une version de travail : elle contient seulement les éléments graphiques et sonores, afin que l'enfant puisse programmer pas à pas en suivant les instructions de cet ouvrage. L'autre correspond au jeu complet et jouable : elle sera parfaite pour les plus jeunes ou pour ceux qui voudront créer d'autres jeux en s'inspirant des programmes existants. N'oubliez pas que toutes les manières de jouer avec Scratch sont bonnes !*

AU FAIT, C'EST QUOI SCRATCH ?

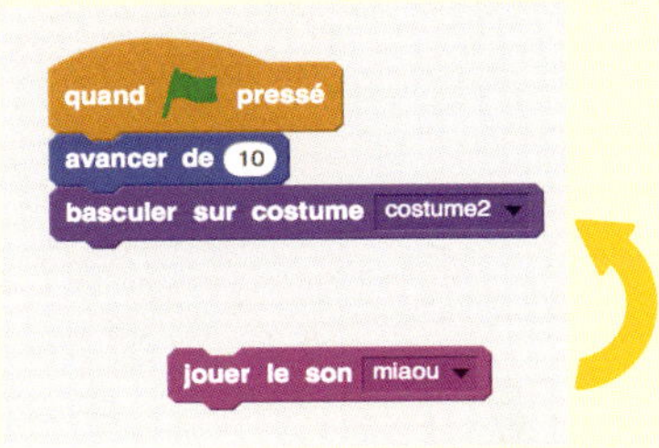

Scratch est un langage de programmation visuel et gratuit. En glissant-déposant des blocs colorés, vous pouvez créer des histoires interactives, des jeux, des animations, de la musique, ou des présentations. Il est ensuite possible de les télécharger sur Internet pour les partager avec les autres utilisateurs du monde entier. Scratch est conçu pour jouer, apprendre par soi-même et créer.

D'OÙ VIENT LE NOM SCRATCH ?

Le *scratching* est une technique utilisée par les DJ pour mixer des morceaux de musique. De la même manière, la programmation avec Scratch associe différents objets (images, photos, effets sonores…) pour réaliser quelque chose d'entièrement nouveau.

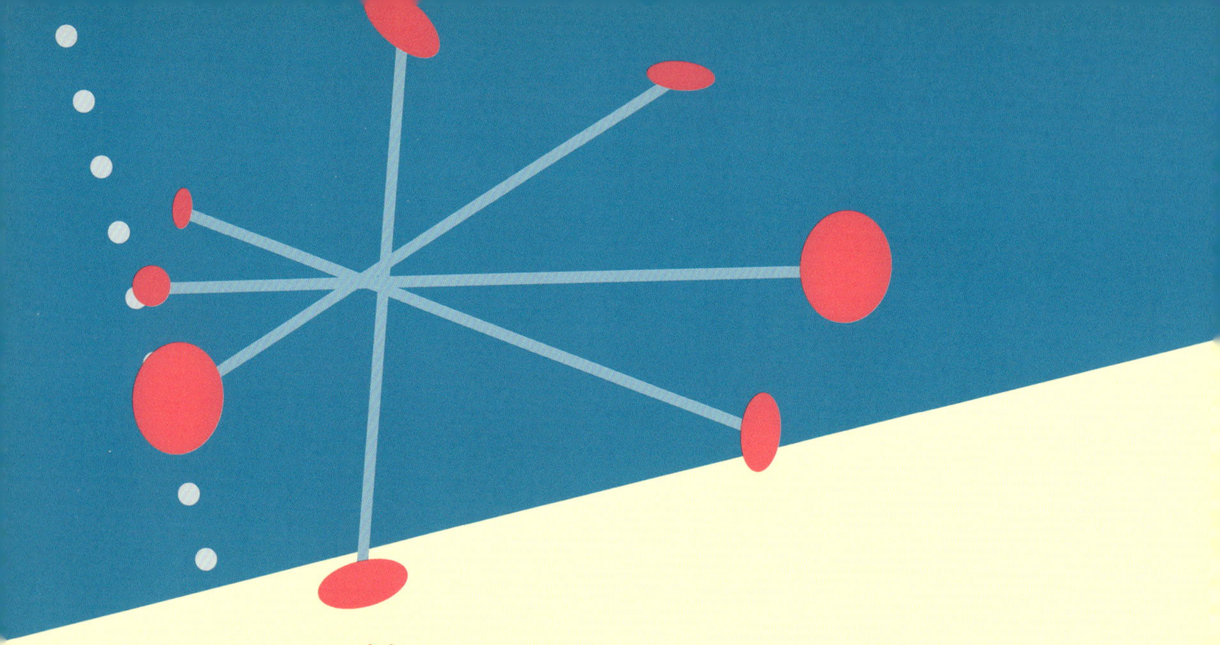

QUI A CRÉÉ SCRATCH ?

Scratch a été développé aux États-Unis par le Lifelong Kindergarten Group du Media Lab du MIT *(Massachusetts Institute of Technology)*. Ce projet est subventionné par la NSF *(National Science Foundation)*, l'équivalent américain du CNRS (Centre national de la recherche scientifique) français.

À QUI S'ADRESSE SCRATCH ?

Scratch a été créé pour des enfants de 8 ans ou plus, afin de les aider à acquérir des compétences utiles pour leur avenir.

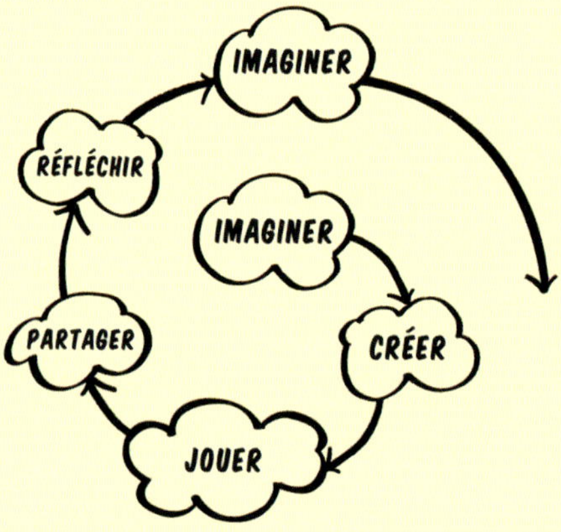

Cette spirale de la pensée créative est tirée d'un article du Pr. Resnick, « Sowing the Seeds of a More Creative Society » (« Semer les graines d'une société plus créative »), publié par l'ISTE *(International Society for Technology in Education)*.

Lorsqu'ils conçoivent des programmes, ils apprennent des concepts mathématiques et informatiques importants qui améliorent leur créativité, leur logique, leur capacité à résoudre des problèmes et leur aptitude à travailler en équipe.

Créer des projets avec Scratch met les enfants au défi de penser de manière créative. Apprendre à surmonter les obstacles et à résoudre les problèmes donne confiance en soi, ce qui est un avantage pour la vie future.

EST-CE FACILE D'UTILISER SCRATCH ?

Scratch a été conçu pour éviter aux débutants les pièges fréquents des langages de programmation classiques, comme les erreurs de syntaxe et de cohérence. Au lieu d'une saisie des commandes au clavier, la programmation dans Scratch s'effectue en glissant et assemblant des blocs. Cette interface graphique aide les utilisateurs à contrôler facilement la manière dont les différentes commandes interagissent. Par ailleurs, les blocs ne peuvent s'assembler que si cela est logique du point de vue de la programmation. Les blocs de commandes correspondant à des fonctions proches sont regroupés par familles, identifiées par une couleur.

Dans Scratch, les programmes sont exécutés en temps réel : ils peuvent donc être modifiés et testés à tout moment, même lorsque le code est en cours d'exécution. Cela permet aux utilisateurs d'expérimenter facilement de nouvelles idées ou de tester des améliorations.

COMBIEN DE LANGUES SONT DISPONIBLES DANS SCRATCH ?

50 langues différentes sont disponibles. Pour en sélectionner une, vous pouvez utiliser le menu déroulant situé en bas de la page d'accueil du site de Scratch.

OÙ PEUT-ON UTILISER SCRATCH ?

Scratch peut être utilisé à l'école, dans les bibliothèques, les associations de quartier, ou chez soi. Bien que ce logiciel ait été conçu pour les enfants à partir de 8 ans, les plus jeunes pourront aussi apprendre à créer des programmes avec l'aide de leurs parents ou frères et sœurs.

Scratch est utilisé dans le monde entier, que ce soit dans les écoles primaires, les collèges et les lycées. Les professeurs d'informatique s'en servent également pour présenter des concepts de programmation dans les universités.

COMMENT UTILISER SCRATCH À L'ÉCOLE ?

À l'école, Scratch aide à enseigner les mathématiques, le français, l'anglais, la musique, les arts plastiques, le design, ou encore l'informatique. Il est conçu pour favoriser l'exploration et l'expérimentation ; il y a donc de nombreuses approches d'apprentissage possibles.

Quelle que soit l'utilisation de Scratch – raconter des histoires, créer des jeux vidéo ou de simples démonstrations de concepts de programmation –, il offre aux élèves un espace pour explorer et imaginer. En s'investissant dans des apprentissages basés sur la création, individuellement ou en groupe, ils seront ainsi plus motivés pour apprendre.

Voici quelques exemples de réalisations avec Scratch.

- Des élèves d'une école de New York ont utilisé Scratch pour simuler la propagation des maladies infectieuses.
- Des adolescents en Inde ont créé une carte animée de leur village, illustrant les problèmes environnementaux locaux.
- Des étudiants de l'université d'Istanbul ont étudié la culture des jeux vidéo en réalisant et en faisant tester facilement des prototypes de jeux qu'ils avaient développés.
- Des élèves d'un collège de Californie ont fabriqué un générateur aléatoire d'histoires.
- Des enfants d'une école primaire de Russie ont conçu des tutoriels personnalisés pour comprendre les systèmes de coordonnées et la trigonométrie.

Comme vous le voyez, les possibilités sont infinies. Nous espérons que ce livre inspirera nos jeunes lecteurs pour créer leurs propres jeux, histoires, et bien davantage…

REJOINDRE LA COMMUNAUTÉ

Comme Scratch est disponible en ligne, les enfants peuvent facilement partager leurs projets avec leurs amis, familles ou professeurs. Lorsque quelqu'un rend son projet public sur le site Internet du logiciel, les autres programmeurs peuvent le reprendre et le modifier, faire des commentaires, et plus encore.

Voici les étapes à suivre pour rejoindre la communauté Scratch.

1. Sur la page d'accueil du site (*http://scratch.mit.edu/*), cliquez sur **Rejoindre Scratch** pour s'inscrire (une seule inscription suffit).
2. Choisissez un nom d'utilisateur (différent de votre vrai nom), puis remplissez le reste du formulaire. Si l'enfant a moins de 13 ans, Scratch demande l'adresse e-mail d'un parent ou d'un tuteur.

NOTE *Lorsqu'un projet est partagé, le monde entier peut le voir ! Assurez-vous donc que les enfants ou élèves sachent protéger leurs données personnelles en les gardant privées.*

Avec leur nom d'utilisateur et leur mot de passe, les enfants peuvent accéder à des jeux dans la galerie des projets, afin de les modifier et de partager leurs idées avec d'autres programmeurs du monde entier. Pour visualiser les blocs d'un jeu créé par quelqu'un d'autre, il suffit de cliquer sur le bouton **Voir à l'intérieur** (Voir à l'intérieur). Pour modifier le programme, utilisez le bouton orange **Remix** (Remix).

Pour partager un projet avec le reste du monde, cliquez sur le bouton **Partage** (Partage) dans l'éditeur Scratch. Pour rendre un projet privé, cliquez sur **Non partagé** (Non partagé) dans la liste des projets enregistrés dans le dossier **Mes Projets**.

Souvenez-vous qu'en tant que membre de la communauté Scratch, l'enfant partagera des projets et des idées avec des personnes de tous âges et de différents niveaux d'expérience dans le monde entier. Il doit donc absolument :

- être respectueux des autres joueurs ;
- faire des commentaires constructifs ;
- être attentif à maintenir le site amical et sympathique ;
- garder ses informations personnelles privées.

JE SUIS UN ENSEIGNANT/ÉDUCATEUR QUI UTILISE SCRATCH

Ce livre constitue une excellente base pour débuter en classe ou durant des activités extrascolaires. Vous pouvez aussi télécharger gratuitement le guide « Pour bien commencer avec Scratch » sur *www.editions-eyrolles.com/go/scratch*. Pour échanger des idées et des projets, partager vos réussites et poser des questions aux autres enseignants qui utilisent Scratch, connectez-vous sur le forum éducation de Scratch : *http://scratched.gse.harvard.edu/*.

D'AUTRES QUESTIONS ?

Vous trouverez plus d'informations sur le site Internet de Scratch :

- la foire aux questions : *http://scratch.mit.edu/help/faq/* ;
- l'aide en ligne : *http://scratch.mit.edu/help/*.

À la page 156, vous trouverez d'autres liens utiles vers des ressources en ligne.

LES PERSONNAGES

Mitch
Un étudiant en informatique qui adore écrire des superprogrammes. Il aime aussi les films et l'art. C'est un type bien et plein de talent.

Les Défenseurs cosmiques : Gobo, Fabu et Riki
Ce sont des extraterrestres issus de l'espace transdimensionnel, capables de voyager dans l'espace et dans le temps. Ils sont chargés officiellement par le Conseil galactique de maintenir l'équilibre de l'univers.

Scratchy
Un chat plein d'énergie qui vit dans le cyberespace. Scratchy est exactement ce que tu attends d'un chat sur Internet : il est très curieux et impulsif.

Le Sorcier noir
C'est un esprit informe, puissant et vindicatif, dont les origines sont inconnues. Rien ne semble pouvoir s'opposer à son ambition de détruire l'ordre de l'espace et du temps.

Les Serviteurs noirs
Ces ennemis sont des Défenseurs cosmiques qui sont passés du côté obscur. Ils sont désormais au service du Sorcier noir.

L'ARRIVÉE DE SCRATCHY

NIVEAU 1

NIVEAU 1

UNE TEMPÊTE SÉVIT À LA SURFACE DU SOLEIL...
UNE ÉRUPTION SOLAIRE LIBÈRE UNE EXPLOSION D'ÉNERGIE.
BIOUU-BIOUUP !
PENDANT CE TEMPS, DANS UNE ÉCOLE SUR TERRE...
POURQUOI EST-CE SI DUR DE PROGRAMMER ?
TREMBLEMENT DE TERRE !
WAOUH !
CUI-CUI
RÉVEILLE-TOI.
ALLEZ, RÉVEILLE-TOI !
QUI ES-TU ? QU'EST-CE QUI SE PASSE ?

JE M'APPELLE SCRATCHY. JE VIENS DU CYBERESPACE.
TU VIENS D'UN ORDINATEUR ? !
EXACT. J'AI SUIVI LE FLASH DE LUMIÈRE ET ME VOICI !
INCROYABLE ! JE M'APPELLE MITCH. JE SUIS ÉTUDIANT EN INFORMATIQUE.
EUH... MITCH, TA PLANÈTE EST-ELLE TOUJOURS AUSSI SOMBRE ?
NON, QUELQUE CHOSE NE TOURNE PAS ROND. ALLONS VOIR ÇA !
OÙ SONT LES AUTRES ?
REGARDE DANS LE CIEL !
OH NON, JE NE PEUX PLUS BOUGER MES JAMBES !
AHHH ! MOI NON PLUS !
RESTEZ CALMES ! ME VOICI !
VOTRE CORPS EST EN TRAIN DE CONGELER.
PRENDS CE MANUEL SECRET AVANT QUE LA TORNADE NOIRE NE VOUS AVALE ! ET SUIS MES INSTRUCTIONS !
OK !

NIVEAU 1

BRISE LE SORTILÈGE !

Résumé

Découvrons ensemble Scratch et ce que sont les lutins et les coordonnées.

Le jeu

Remets Scratchy sur pied et fais-le danser sur la scène.

Pour utiliser le manuel secret, ouvre d'abord Scratch. Clique sur **Créer** pour ouvrir un nouveau projet. Scratchy le chat apparaît alors sur un fond blanc. Il ne fait rien, car il n'a encore aucun programme associé. Dans Scratch, Scratchy le chat ainsi que tous les autres personnages et objets sont appelés des lutins (*sprites* en anglais). Nous allons déplacer Scratchy grâce aux blocs bleus au centre de l'écran.

Voici les blocs de commandes que tu peux associer à un lutin. Empile ces commandes pour briser le sortilège et remettre Scratchy sur pied. Les blocs que tu vois sont tous bleus, car ils appartiennent à la palette **Mouvement**.

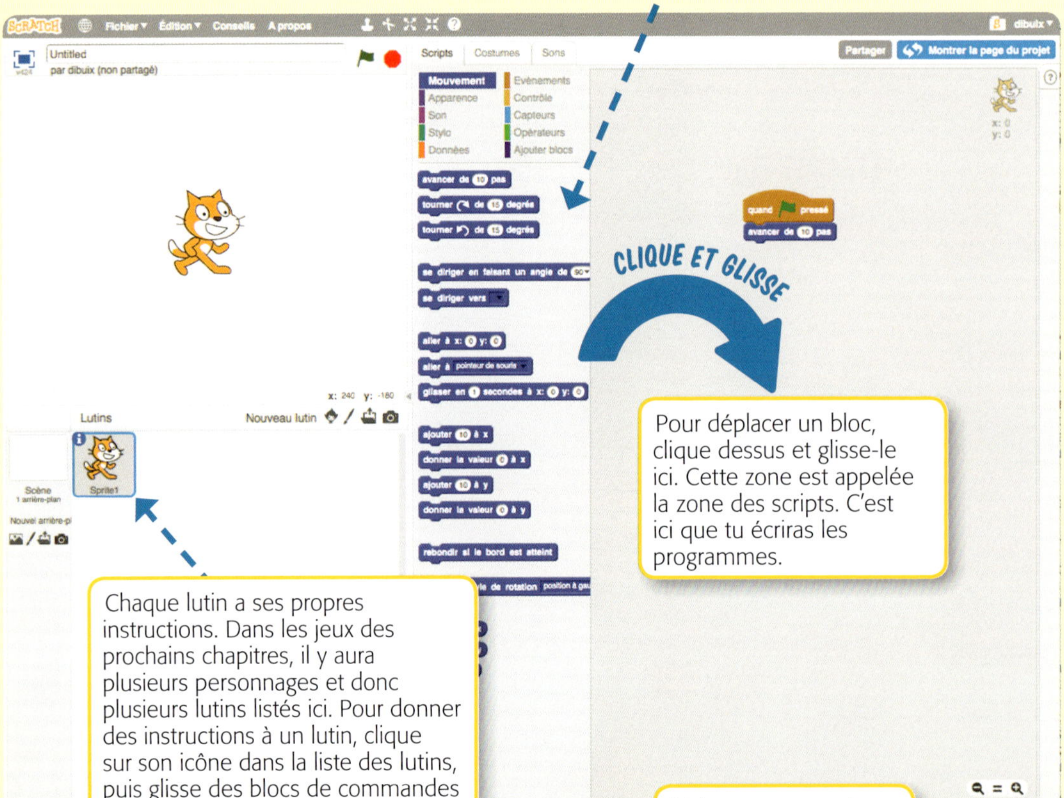

Pour déplacer un bloc, clique dessus et glisse-le ici. Cette zone est appelée la zone des scripts. C'est ici que tu écriras les programmes.

Chaque lutin a ses propres instructions. Dans les jeux des prochains chapitres, il y aura plusieurs personnages et donc plusieurs lutins listés ici. Pour donner des instructions à un lutin, clique sur son icône dans la liste des lutins, puis glisse des blocs de commandes dans la zone des scripts.

Maintenant, regardons de plus près le reste de l'interface.

Visite guidée de l'interface de Scratch

Passe en mode plein écran.

Renomme ton projet.

Barre d'outils des lutins
Elle contient les outils Dupliquer, Supprimer, Agrandir, Réduire et Aide.

Palette
Ces 10 boutons permettent de choisir les fonctions (appelées blocs) pour programmer tes lutins. Tu peux associer ces blocs de commandes en les empilant pour créer des programmes qui contrôlent les objets sur l'écran.

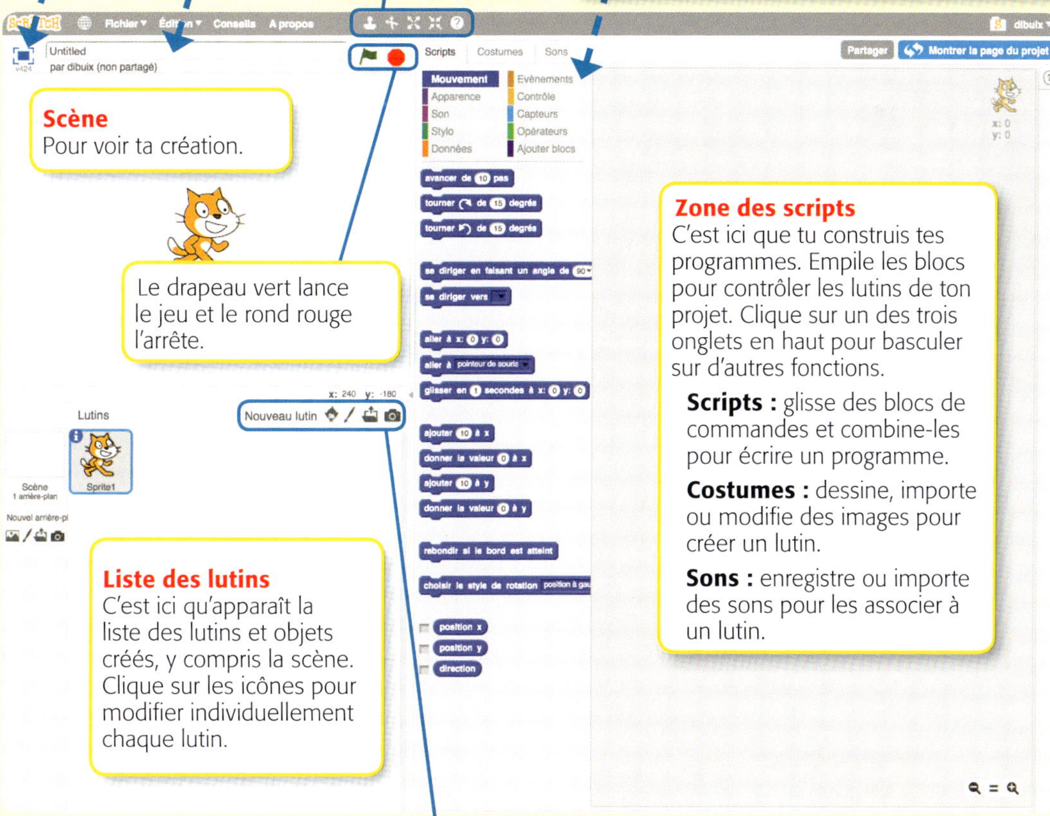

Scène
Pour voir ta création.

Le drapeau vert lance le jeu et le rond rouge l'arrête.

Zone des scripts
C'est ici que tu construis tes programmes. Empile les blocs pour contrôler les lutins de ton projet. Clique sur un des trois onglets en haut pour basculer sur d'autres fonctions.

Scripts : glisse des blocs de commandes et combine-les pour écrire un programme.

Costumes : dessine, importe ou modifie des images pour créer un lutin.

Sons : enregistre ou importe des sons pour les associer à un lutin.

Liste des lutins
C'est ici qu'apparaît la liste des lutins et objets créés, y compris la scène. Clique sur les icônes pour modifier individuellement chaque lutin.

Boutons Nouveau lutin
Il y a quatre façons d'ajouter un lutin.
- Choisis-le dans la bibliothèque de Scratch.
- Dessine-le.
- Importe-le depuis un fichier.
- Prends une photo avec la webcam de ton ordinateur.

NIVEAU 1

Informations sur les lutins

Tu as peut être remarqué le petit **i** dans le coin en haut à gauche de la boîte qui entoure Scratchy lorsque tu le sélectionnes dans la liste des lutins. Si tu cliques dessus, tu obtiens les informations sur ce lutin : son nom, sa position et son orientation (indiquée par la petite ligne bleue).

Voici comment tu peux changer le nom du lutin Scratchy. Pour l'instant, il s'appelle Sprite1. Pas très amusant, non? Essaie de lui trouver un autre nom.

Clique sur cette flèche quand tu as fini de modifier les paramètres. Nous jouerons avec les autres plus tard.

Paramètres de rotation

Tu peux faire tourner un lutin de trois manières :

- rotation libre ;
- rotation soit vers la droite, soit vers la gauche ;
- aucune rotation.

Clique et fais tourner la petite ligne bleue pour modifier l'orientation de Scratchy.

Bon, passons maintenant à des choses plus amusantes. Pour programmer les mouvements des lutins, tu dois d'abord comprendre comment on repère la position des objets dans Scratch.

Clique sur l'icône **Scène** dans la liste des lutins. Bascule sur l'onglet **Arrière-plans** dans la zone des scripts et clique sur l'icône **Choisir un arrière-plan dans la bibliothèque**.

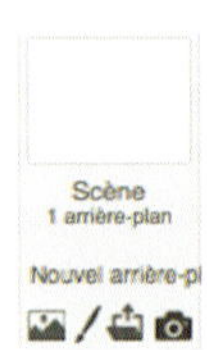

Remarque : les lutins ont des *costumes* alors que la scène a des *arrière-plans*.

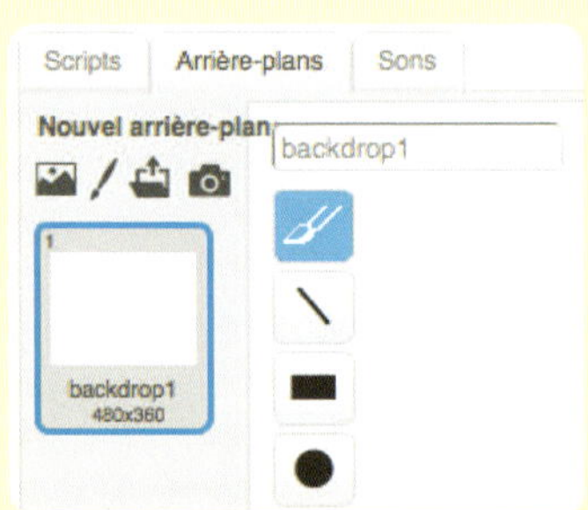

Sélectionne l'arrière-plan grille xy (*xy-grid* en anglais) dans la catégorie Autres, puis clique sur **OK**.

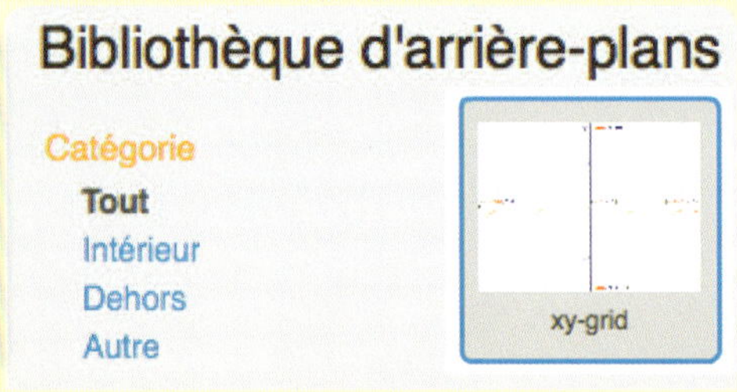

Maintenant, tu sais comment définir la position des objets dans Scratch. Ils sont repérés sur une grille avec deux axes.

Axe des y : axe vertical qui repère les positions de haut en bas. -180 est le plus bas, +180 le plus haut.

Axe des x : axe horizontal qui repère les positions de gauche à droite. -240 est le plus à gauche, +240 le plus à droite.

Par défaut, Scratchy est positionné à l'intersection des axes x et y, aux coordonnées (X : 0, Y : 0).

Tu peux maintenant programmer les mouvements de Scratchy. Mais essaie d'abord de le glisser en haut de la scène comme sur l'image à droite.

Remarque : les coordonnées de la souris apparaissent dans le coin en bas à droite. Ce sera vraiment très utile pour choisir la position des lutins.

Les coordonnées d'un lutin apparaissent aussi dans le coin en haut à droite de la zone des scripts.

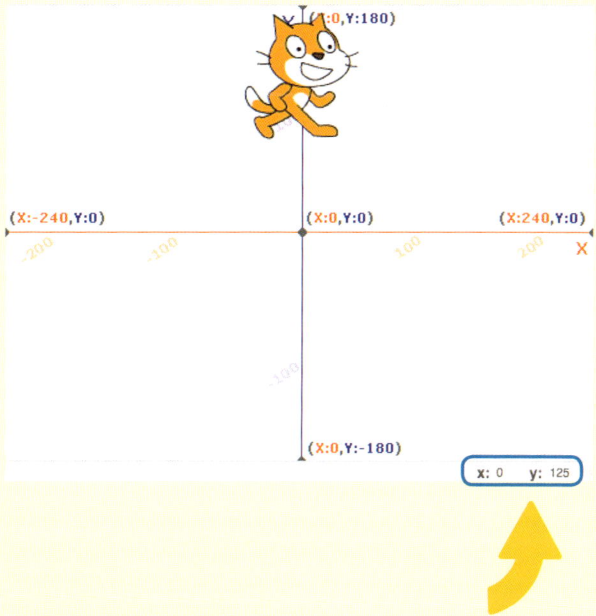

Pour sélectionner le chat et écrire ses instructions, clique sur son icône dans la liste des lutins (la boîte en bas à gauche de l'écran). Bascule sur l'onglet **Scripts** dans la zone des scripts et sur le bouton **Mouvement** de la palette. Clique sur le bloc de commande **aller à x : 0 y : 0** et dépose-le dans la zone des scripts.

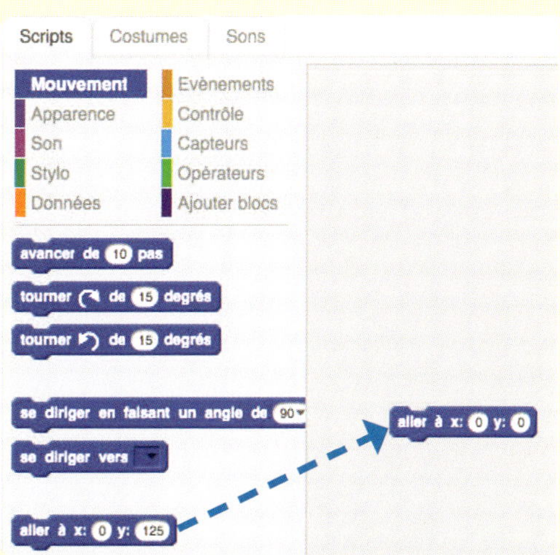

Clique sur la valeur d'une coordonnée pour la modifier. Choisis 0 pour x et 125 pour y. Puis clique sur le bloc pour l'exécuter. Scratchy va exactement à cette position. Tu viens d'écrire ton premier programme ! Très simple, non ?

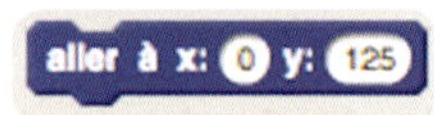

Nous voulons que Scratchy se déplace sur la scène mais, pour le moment, il va trop vite pour qu'on le voie bouger. Pour le ralentir, clique sur la palette **Contrôle** et glisse la commande **attendre 1 secondes** dans la zone des scripts. Assure-toi de la placer juste sous le bloc de commande bleu. Attends qu'une ligne blanche apparaisse et relâche le bouton de la souris.

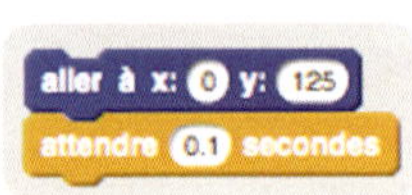

Les deux commandes sont associées ! Maintenant, fixe le temps d'attente à 0.1 seconde.

Astuce : si tu veux dissocier deux commandes, sélectionne et déplace le bloc. Pour supprimer un bloc, sélectionne-le et déplace-le vers la palette. Essaie ! Pour déplacer une pile de blocs, clique sur le bloc situé tout en haut et glisse-le.

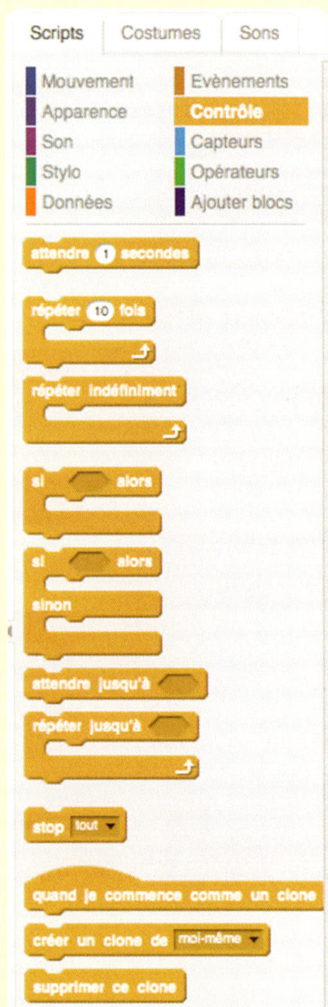

Sélectionne ensuite le bouton **Dupliquer** dans la barre d'outils des lutins et clique sur les blocs de commandes pour obtenir 5 copies.

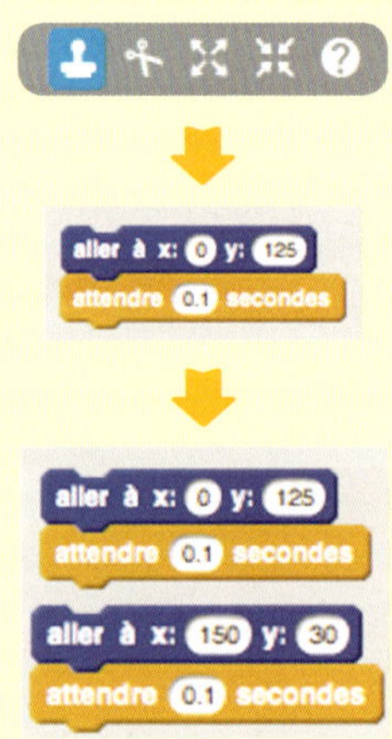

Rentre ces coordonnées dans ton programme. Lorsque c'est fait, clique sur le bloc de commande. Tu vois alors Scratchy sauter en traçant un pentagone.

Pour que le mouvement se répète en boucle, sélectionne le bloc **répéter indéfiniment** de la palette **Contrôle** et place-le tout en haut du programme. Clique sur le code pour l'exécuter. Et clique de nouveau pour arrêter Scratchy. Tu peux tester ainsi tous tes programmes, en cliquant sur le code.

Astuce : lorsque tu écris des scripts, teste-les souvent pour vérifier qu'ils font bien ce que tu veux.

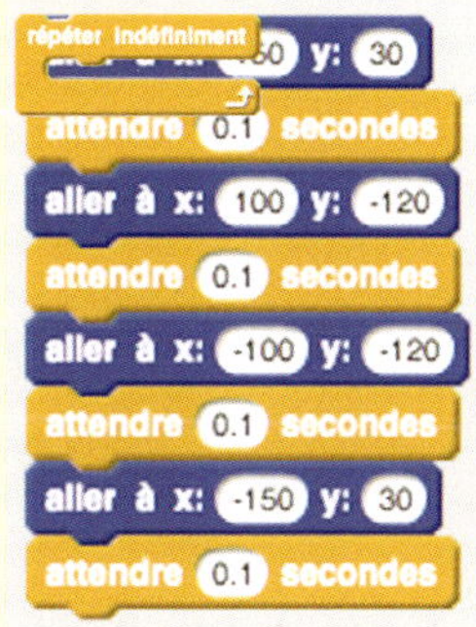

Maintenant, nous allons plutôt faire glisser Scratchy. Dans la palette **Mouvement**, prends 5 fois la commande **glisser** et empile les blocs dans la zone des scripts. Recopie les coordonnées et les temps indiqués sur l'image à droite. Clique enfin sur le script pour voir le résultat !

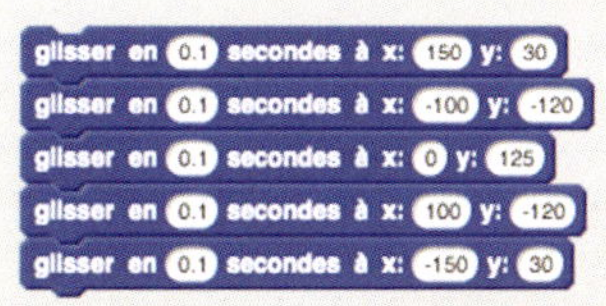

Maintenant, nous pouvons associer ces deux programmes. Sélectionne la commande **quand ⚑ pressé** dans la palette **Événements** et place-la tout en haut de tes deux scripts.

Astuce : il sera souvent nécessaire de démarrer plusieurs scripts au même moment. Nous utiliserons alors la commande **quand ⚑ pressé**.

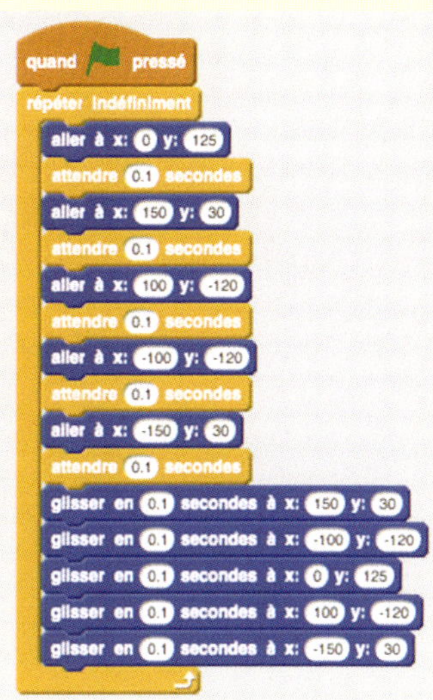

NIVEAU 1

Comme le script utilise la commande **quand [drapeau vert] pressé**, clique sur les boutons au-dessus de la scène pour démarrer ([drapeau vert]) ou arrêter ([bouton rouge]) le jeu.

Clique maintenant sur la palette **Stylo** et ajoute au script les quatre blocs verts comme sur l'image de droite. Maintenant, lorsque Scratchy se déplace, il dessine une étoile magique.

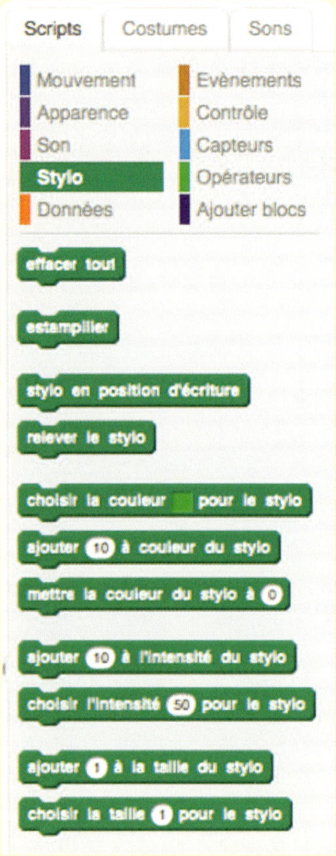

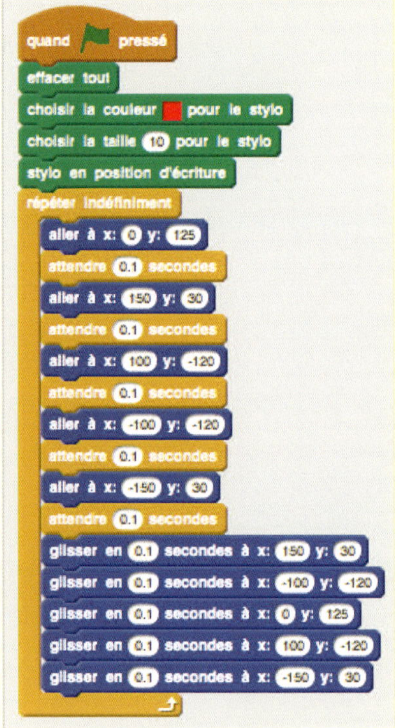

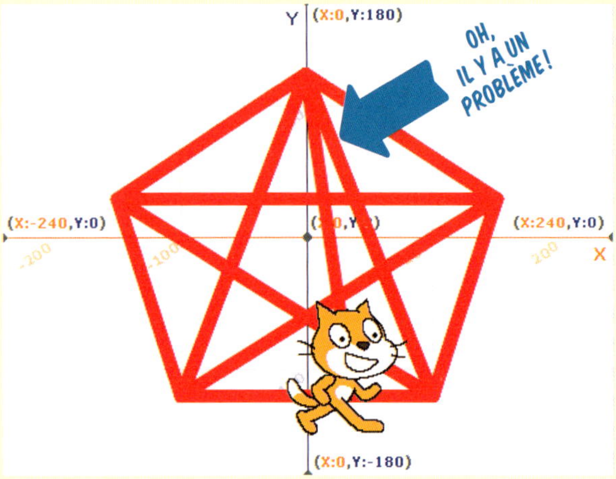

Parfois, lorsqu'on exécute un programme, il y a un souci. C'est le plus excitant en programmation : trouver son erreur et résoudre le problème. Ici, Scratchy dessine parfois une ligne bizarre au début du programme.

Si nous plaçons Scratchy n'importe où sur la scène avant de cliquer sur [drapeau vert], il dessine une ligne supplémentaire car il démarre au mauvais endroit. Essaie plusieurs fois pour tenter de comprendre l'erreur.

Ce problème peut être résolu en ajoutant du code à ton programme, c'est-à-dire de nouveaux blocs. Ici, il suffit d'ajouter un nouveau bloc **aller à** (palette bleue **Mouvement**) au-dessus des blocs verts et sous le bloc **quand ⚑ pressé**.

Après cette petite modification, Scratchy dessine à partir de la bonne position sur la grille. Le problème est donc résolu !

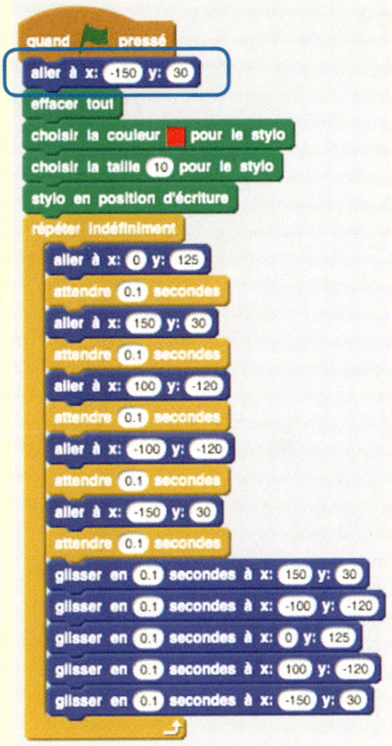

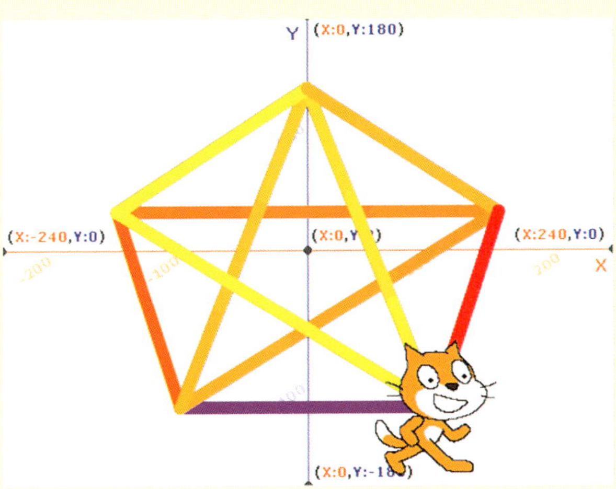

Ajoute maintenant un nouveau programme pour dessiner une étoile magique qui change de couleur. Construis une deuxième pile de blocs qui contient la commande **ajouter à couleur du stylo** et observe ce qui se passe.

C'est chouette, non ? Tu peux associer plusieurs groupes de commandes à un seul lutin. Scratchy a maintenant deux programmes. Ce second petit programme change vraiment l'aspect du jeu.

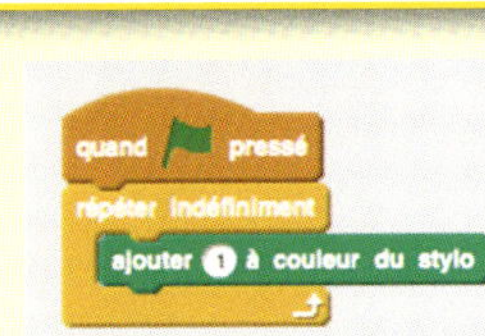

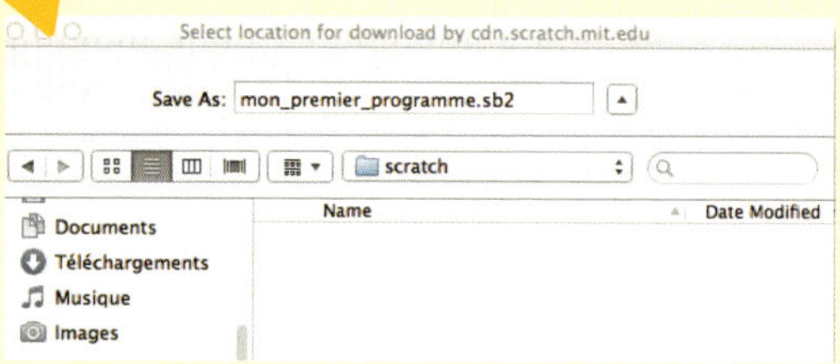

N'oublie pas d'enregistrer ce fichier pour rejouer plus tard.

Si tu es connecté sur le site de Scratch, tous tes projets sont enregistrés dans le dossier **Mes projets** pour que tu puisses les retrouver facilement. Le site enregistre ton travail régulièrement, mais tu peux aussi sauvegarder manuellement : **Fichier ▸ Sauvegarder Maintenant**. Il est aussi possible d'enregistrer différentes versions de tes programmes pour faire des tests sans perdre les anciennes versions de tes jeux. Le menu **Fichier ▸ Sauvegarder comme copie** enregistre une nouvelle version dans le dossier Mes projets. Si tu veux une version personnelle sur ton ordinateur, utilise **Fichier ▸ Télécharger dans votre ordinateur**, puis enregistre le fichier dans un endroit sûr !

Le défi de Scratchy !

Peux-tu modifier ton programme pour que Scratchy dessine d'autres formes ? À toi de jouer !

EN ROUTE POUR L'ESPACE

2 NIVEAU

NIVEAU 2

ÉTOILE MAGIQUE !
WHOOSH
SUPER, JE SENS MES JAMBES !
BIEN JOUÉ, TU AS BRISÉ LE SORTILÈGE DU SORCIER NOIR !
LE SORCIER NOIR ?
MAIS QUI ES-TU ?
JE M'APPELLE GOBO. JE SUIS UN DÉFENSEUR COSMIQUE.
CETTE EXPLOSION SOLAIRE A DÉTRUIT L'ÉQUILIBRE ENTRE LE MONDE NUMÉRIQUE ET CELUI RÉEL.
L'UNIVERS EST DÉSORMAIS CONTRÔLÉ PAR LE SORCIER NOIR ET SES SERVITEURS, ILS ONT CONGELÉ TOUS LES DÉFENSEURS COSMIQUES ET TOUS LES HUMAINS, SAUF NOUS.
NOUS SOMMES LES SEULS RESCAPÉS !

CE MANUEL SECRET NOUS A SAUVÉS. IL AIDERA PEUT-ÊTRE D'AUTRES GENS.
OUI ! SI J'APPRENDS À PROGRAMMER, JE POURRAI COMBATTRE LE SORCIER NOIR.
SUPER IDÉE ! TU PEUX CRÉER DE NOUVEAUX ÉQUIPEMENTS ET CONTRÔLER NOS MOUVEMENTS.
OH NON ! MES COMPAGNONS DÉFENSEURS COSMIQUES SONT EN DANGER ! GENTIL CHAT, ENFILE UNE TENUE SPATIALE ET SAUVE-LES !
D'ACCORD ! MAIS POURQUOI UNE TENUE SPATIALE ?
NOUS AVONS BESOIN DE L'ÉNERGIE DE 7 CORDES DIMENSIONNELLES POUR OUVRIR LA PORTE STELLAIRE ET REJOINDRE MES AMIS...
... MAIS DANS LE VORTEX, IL N'Y A PAS D'OXYGÈNE ET LES ÉCLAIRS PEUVENT TE FAIRE DISPARAÎTRE !
JE SUIS PRÊT !
AU FAIT GOBO, JE M'APPELLE SCRATCHY ET VOICI MITCH !
WAOUH ! IL Y A PLEIN D'ÉTOILES !
L'AVENTURE SPATIALE COMMENCE...

2 NIVEAU

L'AVENTURE SPATIALE

Résumé

Apprends à créer de nouveaux costumes et programme les mouvements, les réactions et les effets sonores d'un lutin.

Le jeu

Évite les éclairs et attrape 7 cordes dimensionnelles. Une fois récupérées, le Monolithe apparaît !

Commençons par quelque chose de facile. Clique sur le menu **Fichier ▸ Importer depuis votre ordinateur** pour ouvrir le projet appelé ***02 - Aventure spatiale.sb2***. Il contient tous les lutins dont tu as besoin, mais pas encore de programme.

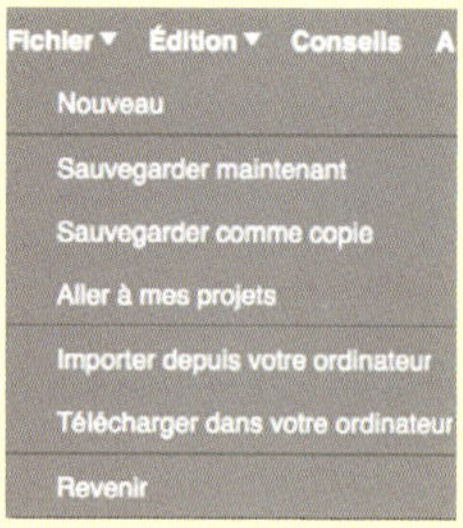

Essaie de créer tes propres lutins afin de changer les personnages de ce jeu et inventer les tiens. Clique sur l'icône de Scratchy dans la liste des lutins, puis sur l'onglet **Costumes**. Le logiciel de dessin Paint s'ouvre alors. Fais attention de bien sélectionner le costume que tu veux modifier.

En haut de la fenêtre de Paint, nomme ton costume. Nous utiliserons ce nom comme référence dans nos programmes.

Si la fenêtre de Paint ne ressemble pas à l'image, c'est sans doute parce que tu n'as pas ouvert le fichier ***02 - Aventure spatiale.sb2*** qui contient le costume de spationaute de Scratchy.

Dans Scratch, il y a deux modes pour éditer les images : l'image à droite montre le mode **Bitmap**. Va à la A pour découvrir le mode vectoriel.

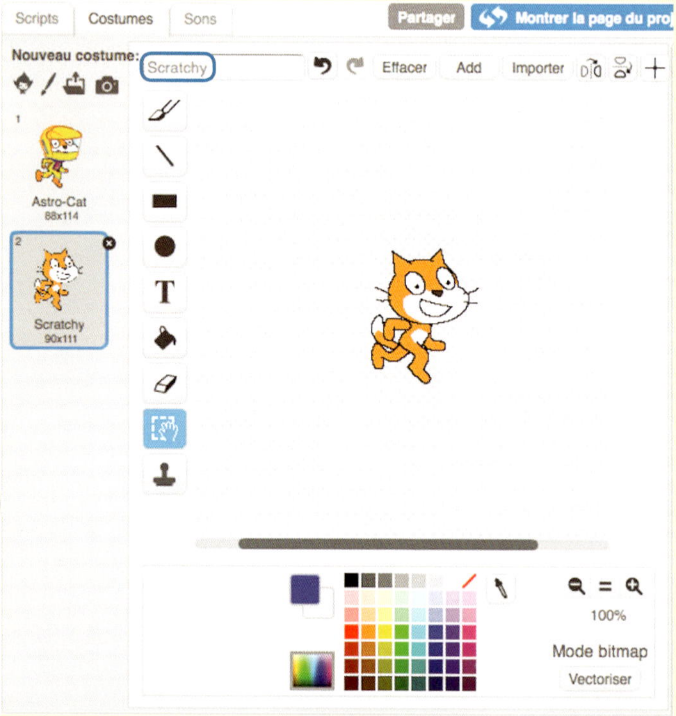

Ici, tu as tous les outils. Le **Pinceau** et la **Gomme** permettent de dessiner facilement.

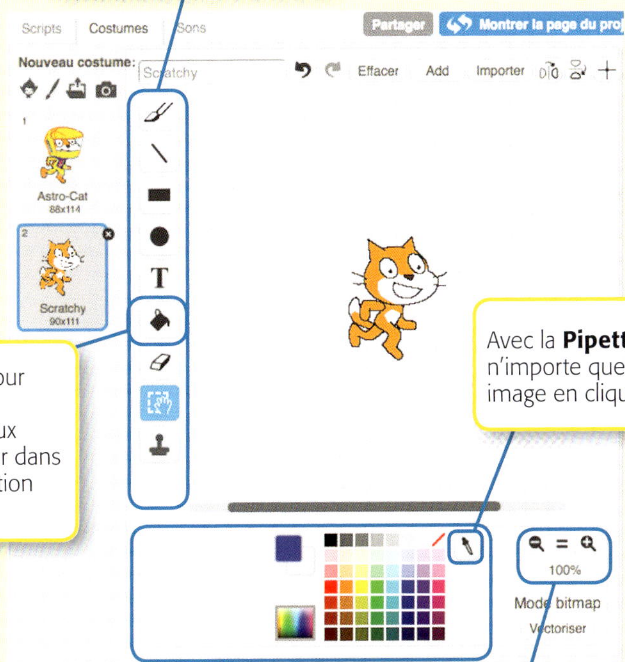

Utilise l'outil **Remplir** pour colorier d'un coup des grandes surfaces. Tu peux choisir une seule couleur dans la palette ou utiliser l'option Dégradé.

Avec la **Pipette**, tu sélectionnes n'importe quelle couleur de ton image en cliquant dessus.

Options des outils

Quel que soit l'outil, les options associées apparaissent en bas de Paint. Par exemple, la taille du Pinceau ou de la Gomme s'ajuste pour réaliser un grand dessin ou ajouter des petits détails. Tu dois juste cliquer-glisser ici pour choisir la taille désirée. C'est ici aussi que tu sélectionnes la couleur.

Clique sur les boutons **Zoom** (les loupes) pour zoomer ou dézoomer sur tes dessins. Cela t'aidera à dessiner ! Grâce au signe **=**, tu visualises la taille réelle de ton lutin sur la scène.

Si tu n'es pas sûr de la fonction d'un bouton, passe le curseur de la souris dessus pour voir apparaître sa description.

NIVEAU 2

Il y a aussi des outils pour dessiner des rectangles et des ellipses. Peux-tu faire un chapeau haut de forme pour Scratchy grâce aux outils **Rectangle** et **Ellipse** ?

Ces formes sont soit transparentes soit pleines. Essaie avec différentes couleurs pour les traits et l'intérieur. Si tu appuies sur la touche ⇧ lorsque tu commences à dessiner, tu obtiens un cercle ou un carré parfait. Avec l'outil **Ligne**, elle permet aussi de dessiner une ligne parfaitement droite. Essaie de tourner les formes grâce à la poignée en haut de la boîte.

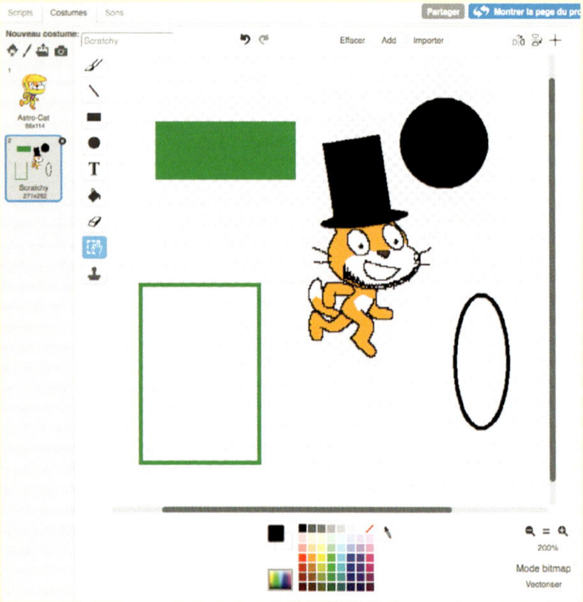

L'outil **Texte** sert à ajouter du texte à ton lutin. Nous l'utiliserons quand nous aurons besoin de donner des instructions pour réussir à jouer. Si tu veux déplacer le texte, il suffit de cliquer-glisser la boîte noire qui l'entoure.

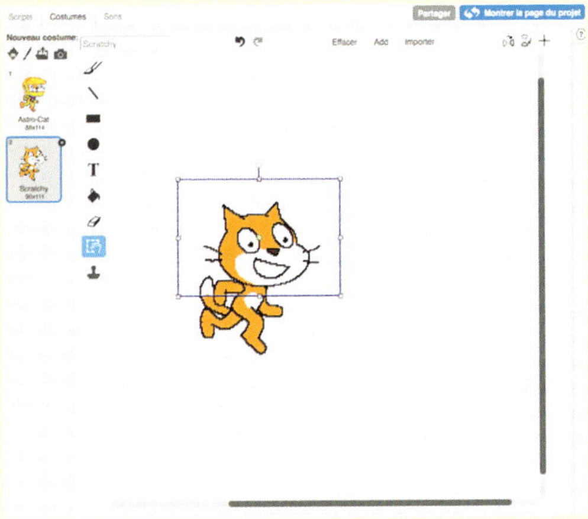

Pour utiliser l'outil **Sélectionner**, dessine un cadre avec la souris autour d'une zone. Après tu peux faire plein de choses avec cette zone sélectionnée :

- cliquer-glisser la sélection pour la déplacer ;
- redimensionner (réduire ou étirer) la zone grâce aux poignées sur les bords de la boîte ;
- tourner la sélection en cliquant et tirant sur la poignée en haut au centre de la boîte ;
- appuyer simultanément sur les touches Ctrl et C pour copier la zone (⌘-C pour les utilisateurs Mac), puis sur Ctrl et V (⌘-V), toujours en même temps, pour la coller autant de fois que tu veux.
- appuyer sur la touche Suppr pour supprimer la zone sélectionnée.

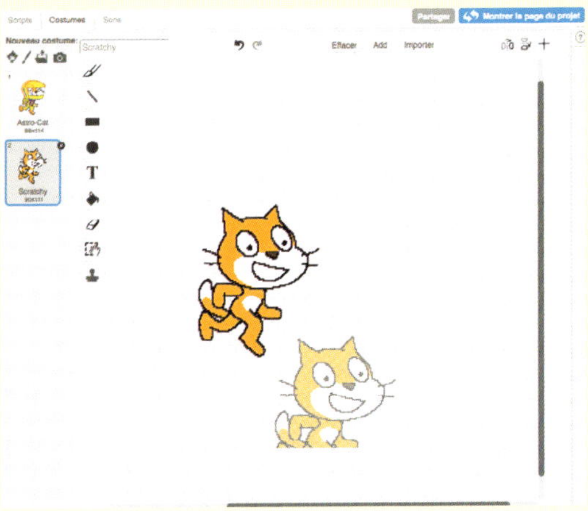

Le bouton **Définir le centre du costume** permet de choisir le point autour duquel tu feras tourner ton lutin.

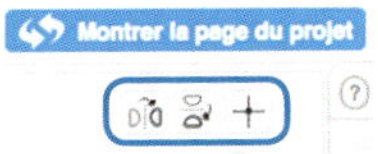

Avec l'outil **Dupliquer**, tu peux copier-coller une zone sélectionnée autant de fois que tu veux. Dessine un cadre autour de la zone à copier, puis clique partout où tu souhaites la coller.

2
NIVEAU

Mode vectoriel

Tu as peut-être remarqué que lorsque tu édites certains lutins, tu n'as pas les mêmes outils dans Paint. Certains lutins plus récents sont des dessins vectoriels (ils sont réalisés à partir de formes plutôt que de pixels). Ce sont de petits fichiers, mais avec une haute résolution et ils peuvent donc être redimensionnés sans dégrader la qualité.

Remarque : par simplicité, tous les dessins du livre sont en mode Bitmap, mais tu peux mélanger les dessins bitmap et vectoriels dans tes projets.

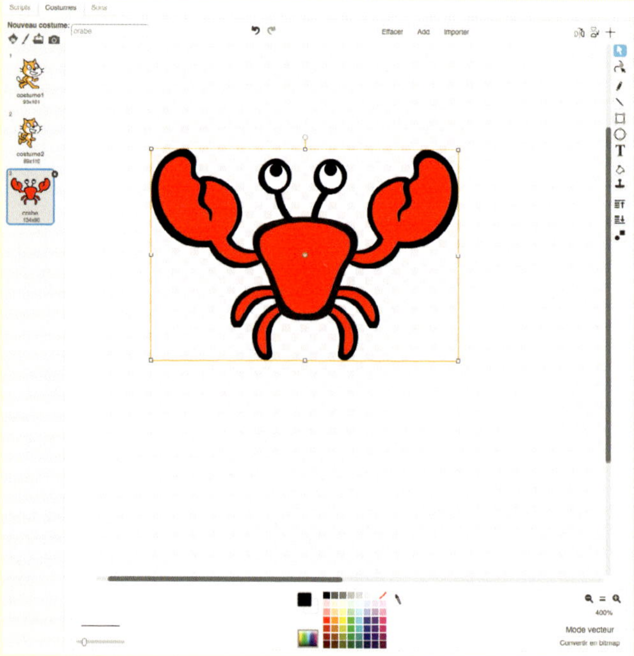

Pour basculer du mode **Bitmap** (que nous avons vu juste avant) au mode **Vecteur**, clique sur le bouton **Vectoriser** en bas à droite de l'interface de Paint. Utilise le mode que tu préfères !

Les fichiers .SVG s'importent dans l'éditeur vectoriel de Scratch. Dans ce mode, tu peux étirer, redessiner des lignes et grouper ou dégrouper des éléments.

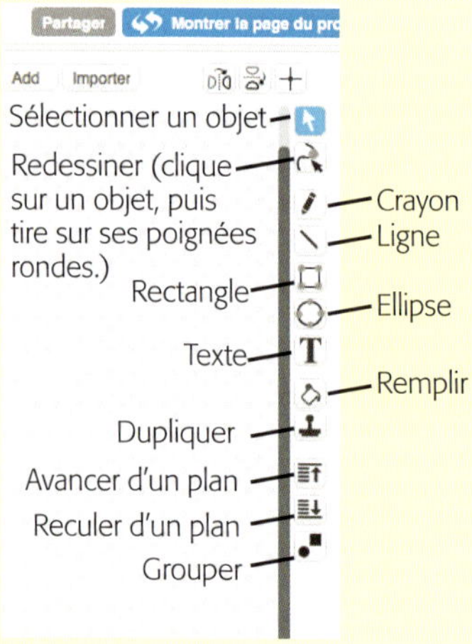

Ouvre une image vectorielle de la bibliothèque de Scratch et essaie de la modifier.

Le Sac à dos

Voici une nouveauté sympa de Scratch 2.0 : si tu es connecté sur le site web, tu vois le **Sac à dos** tout en bas de l'écran. Clique dessus pour l'ouvrir. Il est vide tant que tu n'as mis aucun lutin dedans.

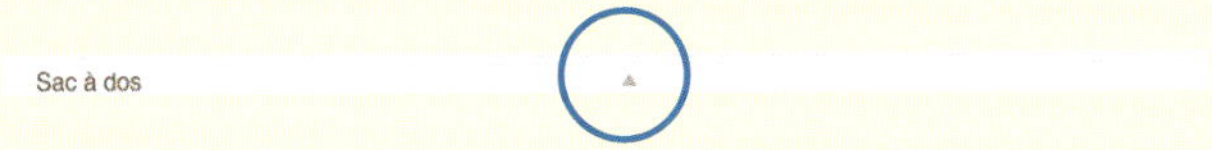

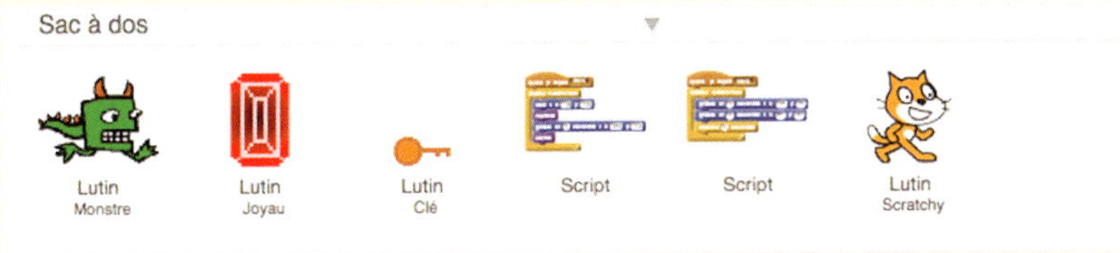

Ton Sac à dos sert à partager des lutins et des Scripts entre différents projets. Si tu joues à un jeu sympa sur le site Internet de Scratch et si tu veux utiliser le personnage dans un nouveau projet, il te suffit de cliquer dessus et de le glisser dans ton Sac à dos.

Lorsque tu crées un nouveau projet, ouvre le Sac à dos et récupère le personnage en le glissant dans la liste des lutins. Tu peux écrire des programmes entièrement nouveaux ou employer ceux qui sont déjà associés au lutin. Le Sac à dos permet aussi de stocker des programmes que tu pourras réutiliser.

2 NIVEAU

Maintenant que tu sais te servir des outils de Paint, Scratchy peut enfiler sa tenue de spationaute ! Essaie d'en dessiner une ou utilise le costume proposé dans le projet.

Comme nous avons sélectionné une rotation horizontale (mode entouré sur l'image ci-dessous), Scratchy ne peut basculer qu'entre la droite et la gauche.

Ça y est, nous avons le personnage principal de notre jeu : Scratchy le spationaute !

Maintenant, regardons les autres lutins du jeu. Tu peux utiliser les motifs déjà disponibles ou en créer des nouveaux. Clique sur / pour dessiner un nouveau lutin.

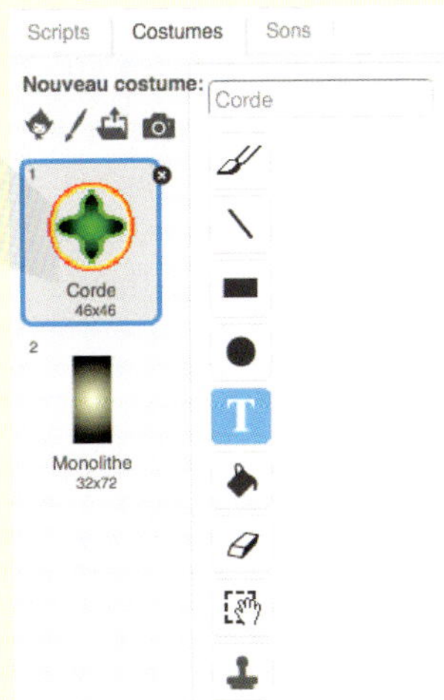

Jette d'abord un coup d'œil à la Corde et au Monolithe. Ce sont deux costumes pour le même lutin, appelé **Corde**. S'ils étaient deux lutins différents, tu devrais écrire deux programmes. Mais comme tu peux faire basculer le lutin d'un costume à l'autre, tu n'en as besoin que d'un seul.

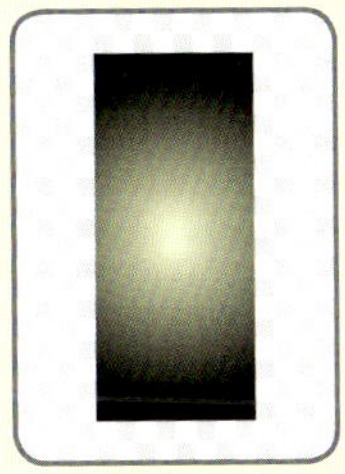

Voici le troisième lutin, un **Éclair** terrifiant ! Le joueur devra l'éviter.

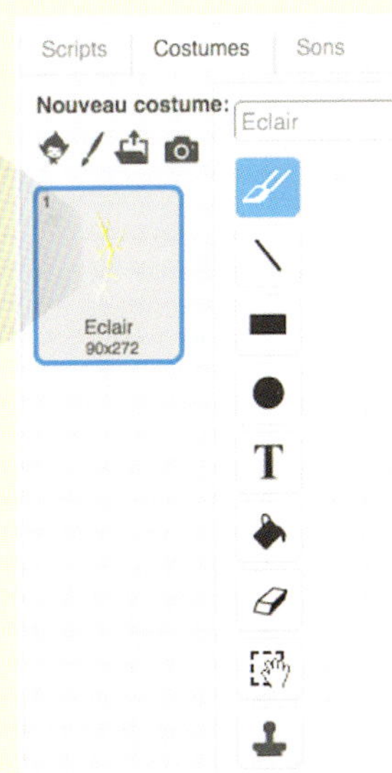

Il est également nécessaire d'avoir des explications au début du jeu. On appellera ce lutin **Consignes**.

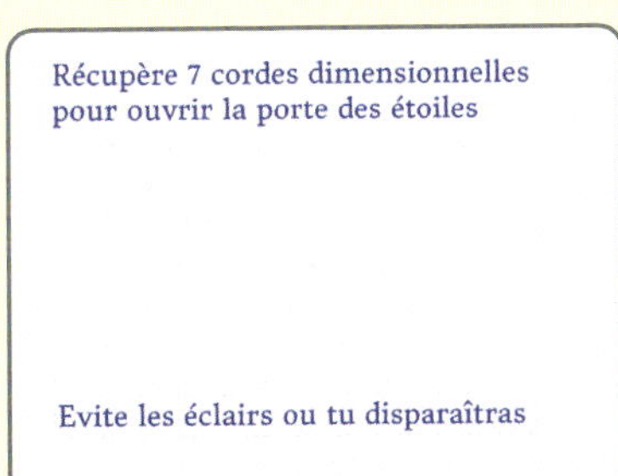

2 NIVEAU

Maintenant, regarde la scène. J'ai utilisé la photo d'un trou noir prise par la NASA. Tu peux dessiner un nouvel arrière-plan si tu le souhaites. Clique sur la scène dans la liste des lutins, puis sur l'onglet **Arrière-plans**.

Maintenant que nous avons plein d'éléments pour le jeu, tu les vois tous apparaître dans la liste des lutins. Pour créer de nouvelles instructions ou un nouveau costume associé à un lutin, tu dois d'abord cliquer dessus dans la liste. Commençons par le programme pour Scratchy le spationaute.

Écrivons notre programme ❶ pour Scratchy. Vérifie qu'il est bien sélectionné dans la liste des lutins et que tu as cliqué sur l'onglet **Scripts**. Ce premier programme est très court et sert à faire rebondir un petit peu Scratchy de haut en bas. On a l'impression qu'il flotte dans l'espace.

❶

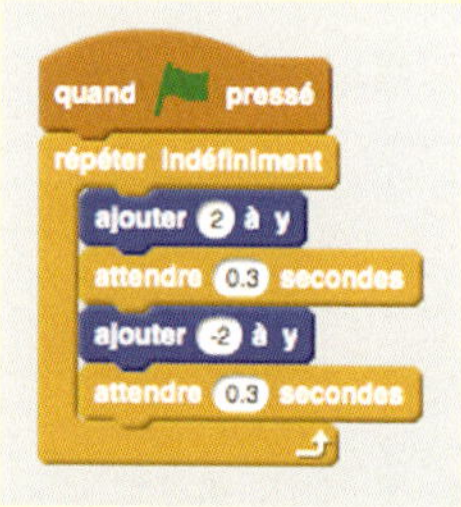

2

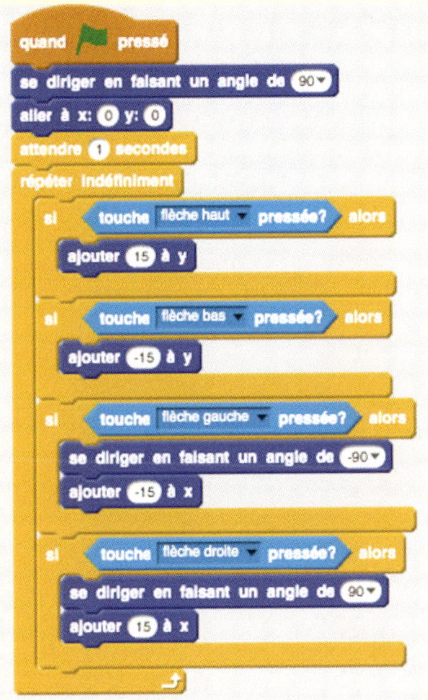

Pour le programme 2, nous allons utiliser une instruction conditionnelle : si quelque chose est vraie, alors quelque chose d'autre doit se passer. Dans la palette **Contrôle**, sélectionne le bloc **si**. Puis insère le bloc **touche pressée ?** de la palette **Capteurs** dans l'espace en forme de losange. Sous le bloc **si**, insère ce qui doit arriver quand la condition est vérifiée. Glisse les autres commandes pour écrire le programme complet. Avec le clavier, tu peux maintenant déplacer Scratchy de haut en bas et de la gauche vers la droite.

On va ajouter deux autres programmes pour Scratchy. Ils seront indépendants, mais on les exécutera en même temps avec la commande **quand pressé**.

3

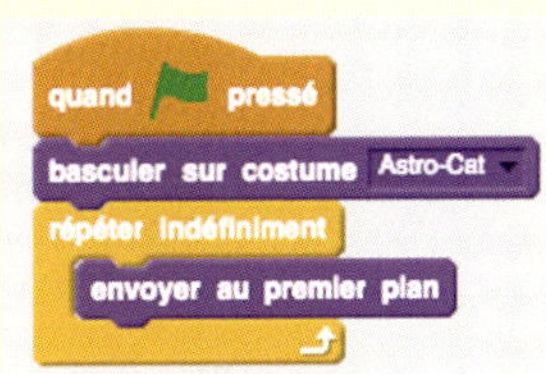

Écrivons les programmes 3 et 4. Clique sur les palettes **Contrôle** et **Apparence** et glisse les commandes nécessaires dans la fenêtre des scripts.

Le programme 3 contrôle le costume que porte Scratchy et le programme 4 le rend invisible, comme un fantôme, à chaque fois qu'il est touché par un éclair.

La programmation de Scratchy est maintenant terminée !

4

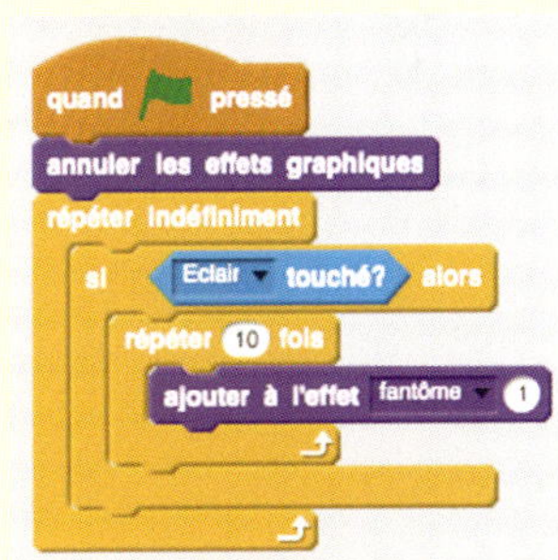

Clique ensuite sur le lutin **Consignes**. Tu as besoin d'un programme simple qui affiche ces instructions au début du jeu. La boucle **répéter 2 fois** qui utilise les blocs **montrer** et **cacher** fait clignoter les instructions, pour rendre le jeu encore plus excitant.

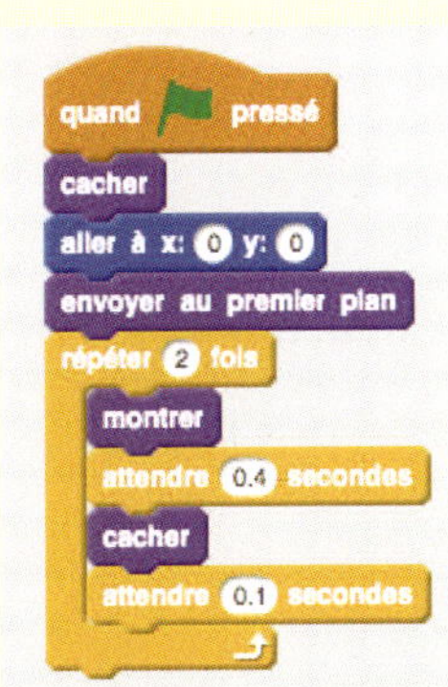

2
NIVEAU

Maintenant, ajoutons des effets sonores au jeu. J'en ai déjà créé quelques-uns que tu peux modifier. Tout d'abord, dans la liste des lutins, clique sur la scène, puis sur l'onglet **Sons**. Rien ne t'empêche de composer tous les effets sonores et toutes les musiques de ton choix pour tes projets. Tu peux même enregistrer tes propres sons à partir de l'interface Scratch.

Lorsque tu cliques sur le bouton **Enregistrer**, une fenêtre apparaît. En cliquant sur le bouton rond, tu enregistres ta voix ou des sons avec un micro. Lorsque tu as fini, clique sur **OK**.

Remarque : pour enregistrer tes propres sons, tu as besoin du micro de ton ordinateur. Pour écouter les sons et la musique, il te faut des haut-parleurs.

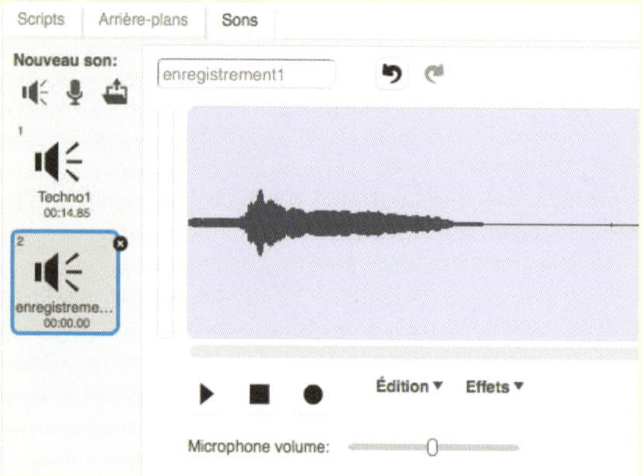

Pour utiliser des sons déjà enregistrés, clique sur pour en choisir un dans la bibliothèque de Scratch ou sur pour en importer un depuis un fichier (au format MP3, WAV compressé, AIF ou AU).

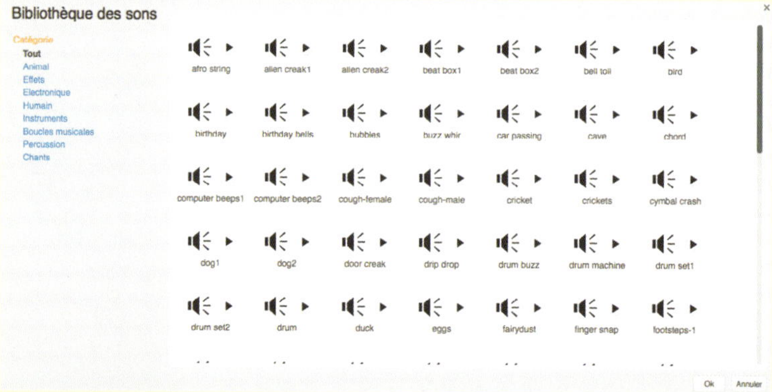

Nous allons ajouter des programmes simples pour la scène. Le programme ❶ change la couleur du fond. Dans le programme ❷, on utilise la palette **Sons** pour ajouter une chanson.

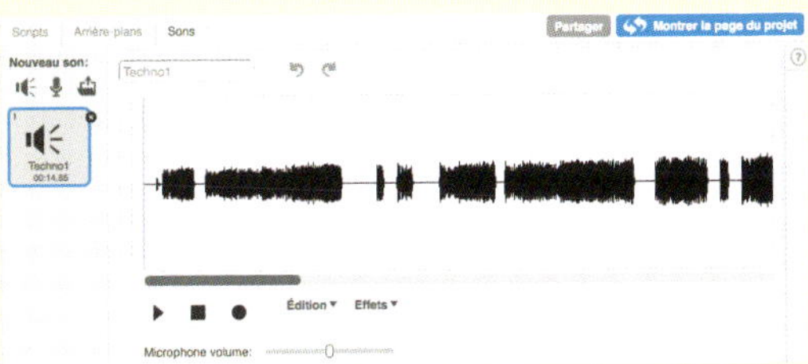

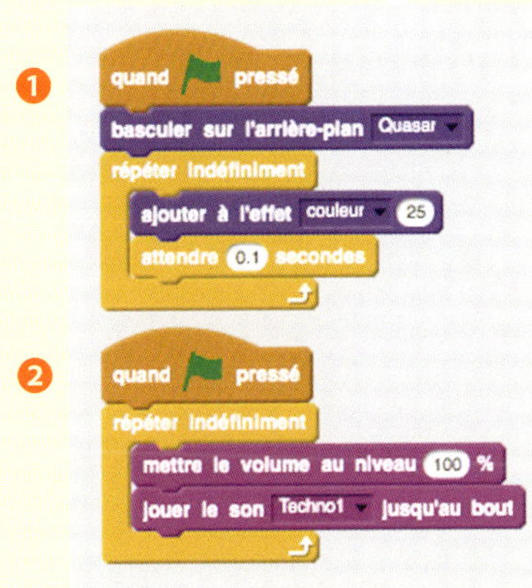

Ensuite, ajoutons des effets sonores pour les lutins Corde et Éclair pour rendre le jeu plus intéressant. Écoute mes effets sonores. Sinon, tu peux aussi créer les tiens.

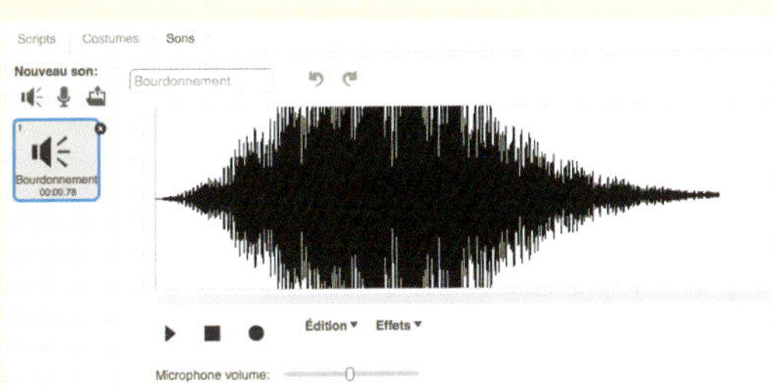

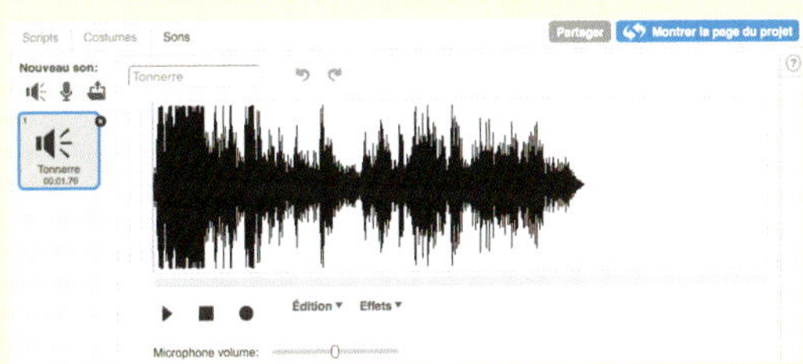

Tu peux enregistrer un son, puis le modifier en utilisant le menu **Effets**. Essaie d'inverser ce que tu as enregistré pour obtenir un son vraiment bizarre.

Clique sur le lutin **Éclair** et écris un programme afin qu'on entende un son à chaque fois que Scratchy est touché par la foudre.

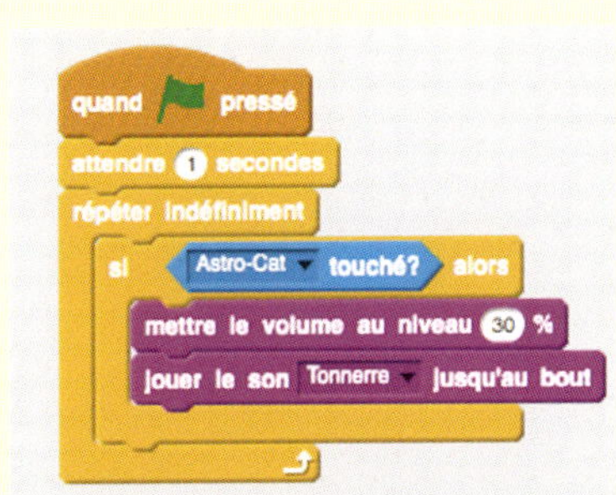

Le lutin **Éclair** a besoin de programmes supplémentaires. Dans les palettes **Contrôle**, **Événements**, **Apparence** et **Opérateurs**, sélectionne et assemble les blocs nécessaires pour que la taille de l'éclair augmente ou diminue aléatoirement, ce qui rend le jeu encore plus magique.

Maintenant, écris le programme qui fait disparaître l'éclair à chaque fois que Scratchy le touche et qui contrôle ses déplacements.

La position verticale (axe des y) est modifiée en répétant 8 fois la soustraction de 40 pas (-40) à partir de la position originale 260 selon l'axe y. Pour changer la manière dont l'éclair se déplace, il faut modifier ces chiffres.

Pour que l'éclair fasse disparaître Scratchy, le programme doit vérifier à chaque fois qu'il se déplace, c'est-à-dire lorsque sa coordonnée de l'axe y change, s'il touche ou non Scratchy.

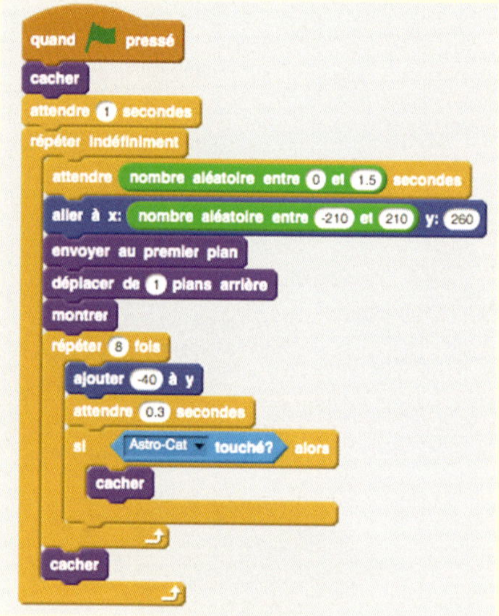

Astuce : parfois, lorsque le script utilise les blocs **montrer** et **cacher**, un lutin disparaît quand tu exécutes, testes ou vérifies les erreurs du programme. Dans ce cas, clique sur le bloc **montrer** dans la palette **Apparence** pour qu'il réapparaisse. Tu peux aussi cocher la boîte **montrer** dans la fenêtre d'information du lutin.

Il est désormais temps de programmer le lutin **Corde**. Attention à bien le sélectionner dans la liste des lutins ! Le programme ❶ change la couleur du lutin, exactement comme pour la scène. Le programme ❷ crée une animation simple en utilisant l'effet œil de poisson.

❶
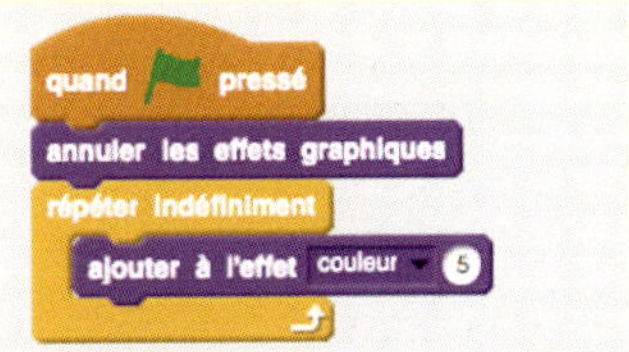

❷
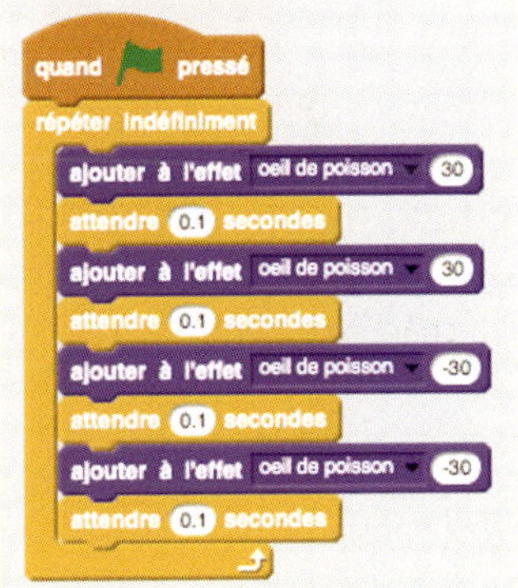

Effectuons maintenant un long programme. Commence par glisser les blocs que tu vois sur l'image ❸. Cela sert à contrôler la manière dont le costume Corde se déplace et tourne.

❸
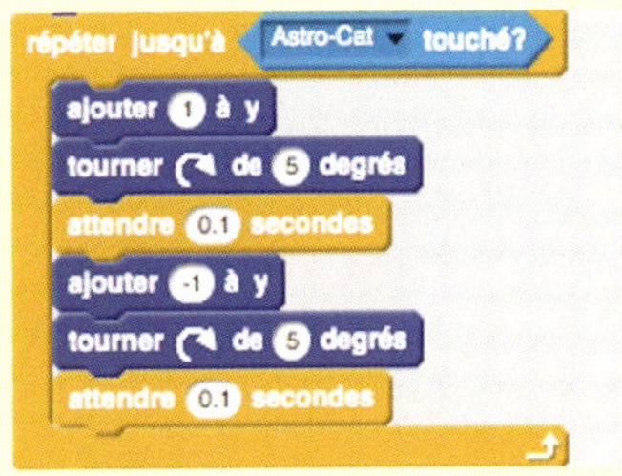

Complète ton programme pour qu'il ressemble à celui de l'image ❹. La corde dimensionnelle apparaît aléatoirement 7 fois à différents endroits sur la scène. Les blocs **dire** et **jouer le son** indiquent au joueur qu'il a attrapé une corde dimensionnelle.

❹

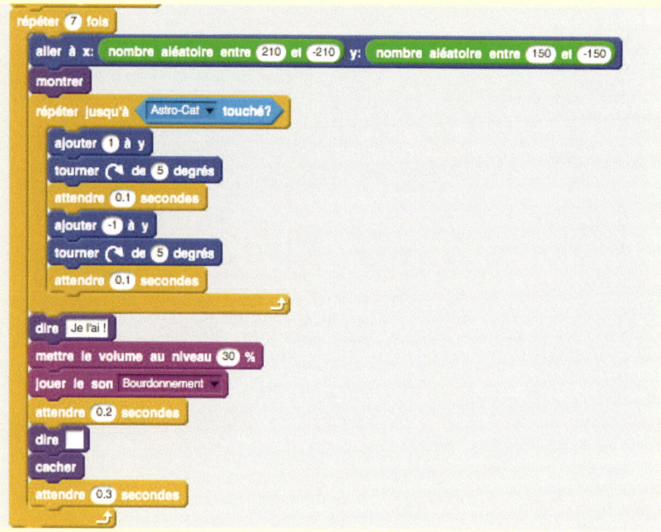

C'est un long script. On n'a pas encore tout à fait fini !

Ajoute le bloc **quand 🏴 pressé** tout en haut de ton script et les instructions tout en bas pour que le lutin Corde bascule sur le costume Monolithe lorsque Scratchy a récupéré 7 cordes. À ce moment-là, le joueur a gagné. Vérifie que ton programme complet ressemble à celui de l'image 5.

5

Ça y est, tu as fini.
Beau travail !

2
NIVEAU

Après avoir sauvegardé ton fichier, admire le résultat final. Passe en mode plein écran et clique sur ⚑ pour commencer une nouvelle partie.

Le défi de Scratchy !

Ajoute d'autres éclairs pour que le jeu soit plus difficile. Tu peux aussi les remplacer par un monstre terrifiant que tu auras dessiné. À toi de jouer !

PIÉGÉ PAR LE SOURIRE DE LA JOCONDE

3 NIVEAU

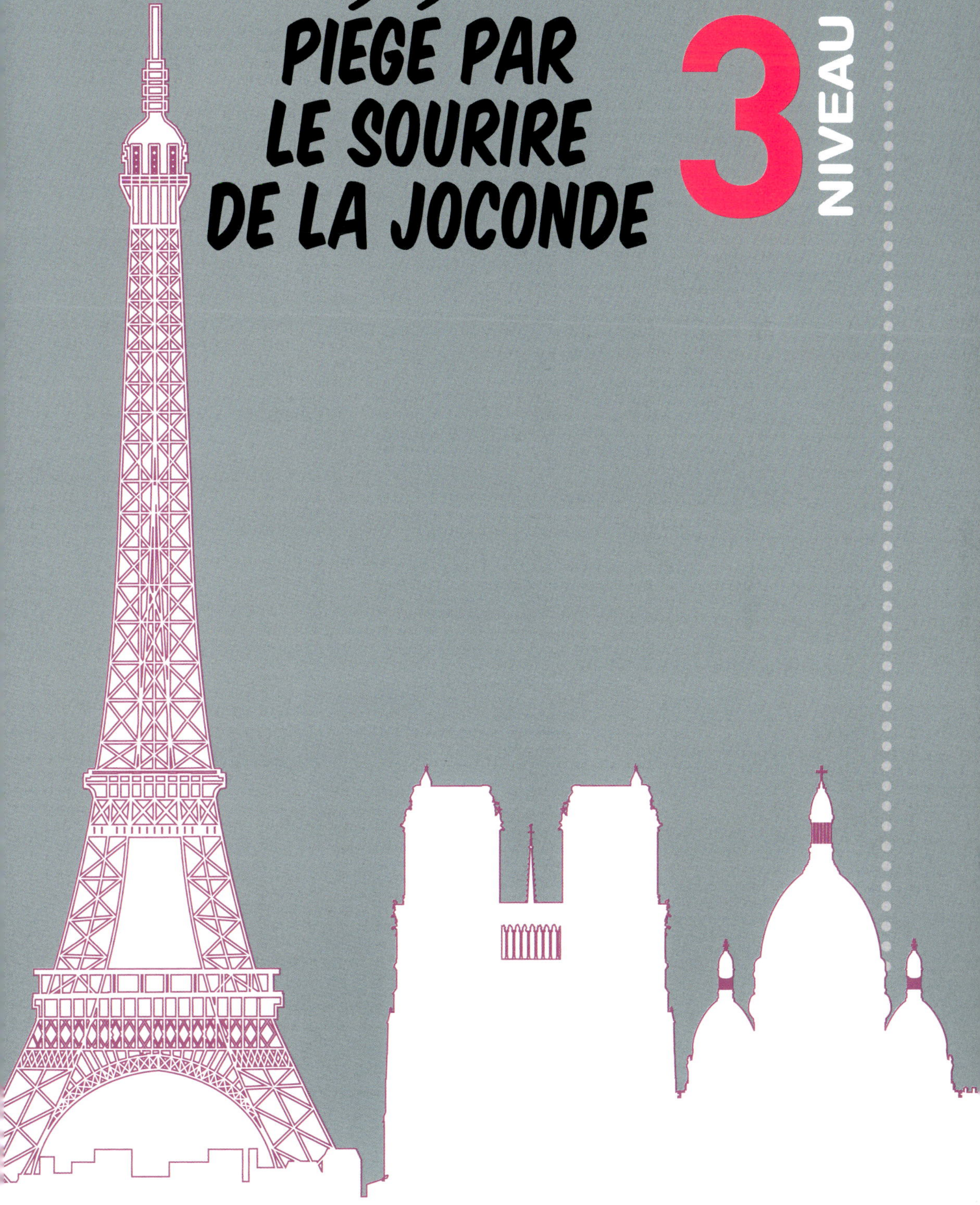

NIVEAU 3

WAOUH, PARIS EST MAGNIFIQUE !
PAS LE TEMPS DE FAIRE DU TOURISME ! UN DÉFENSEUR COSMIQUE A ÉTÉ PIÉGÉ PAR LE SOURIRE DE LA JOCONDE.
QUE C'EST FOURBE !
LA PORTE DES ÉTOILES NOUS A AMENÉS À PARIS. ALLONS AU LOUVRE !
LES PEINTURES SONT PAR LÀ !
J'AURAIS DÛ ENLEVER CETTE TENUE AVANT DE COURIR...
STOP ! NOUS, SERVITEURS NOIRS, NE VOUS LAISSERONS PAS ENTRER SI FACILEMENT !
RATA ! TRAÎTRE ! JE NE PEUX PAS CROIRE QUE TU AIDES LE SORCIER NOIR !
TOUT L'ART DU MONDE EST À MOI ! GNIARK, GNIARK...
MAIS L'ART EST FAIT POUR ÊTRE PARTAGÉ !
LA PEINTURE OÙ IL EST EMPRISONNÉ EST EN MORCEAUX. RELEVEZ MON DÉFI ET NOUS POURRONS ENFIN DISCUTER.

LE LOUVRE

NIVEAU 3

Résumé

Apprends à contrôler le déroulement d'un jeu. Découvre comment suivre le score avec des variables et contrôler les étapes du jeu avec des messages.

Le jeu

Il se compose de deux jeux. Réponds tout d'abord aux questions de Rata, puis remets dans l'ordre les pièces du puzzle de la Joconde. Si tu te trompes 3 fois, le jeu s'arrête et tu as perdu !

Dans ce programme, il y a plusieurs astuces graphiques. Commence par ouvrir le fichier ***03 - Puzzle du Louvre.sb2*** (Fichier ▸ Importer depuis votre ordinateur) qui contient les lutins. Comme tu peux le voir, la scène a comme arrière-plan une image du Louvre. Il n'y a pas encore de programme !

Crédit photo : Raphael Frey

Nous allons maintenant écrire un programme qui va ajouter un fond sonore pour la scène. Le bloc **répéter indéfiniment** est une commande spéciale appelée boucle. Les musiques et effets sonores que tu ajoutes ici seront joués encore et encore ; donc assure-toi de bien les aimer !

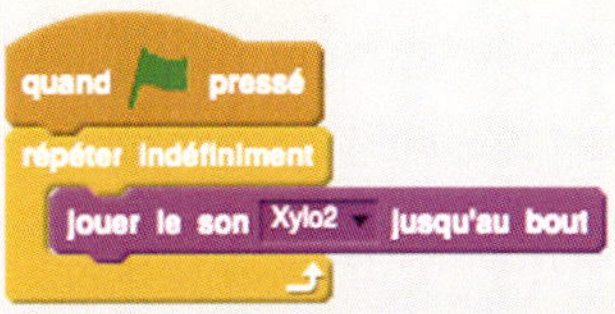

NIVEAU 3

Maintenant, clique sur **Rata** dans la liste des lutins. Il doit te plaire ! Lorsque c'est fait, associe-lui des programmes.

Écris d'abord le programme ❶. La boucle **répéter indéfiniment** fait flotter Rata de haut en bas dans les airs.

❶

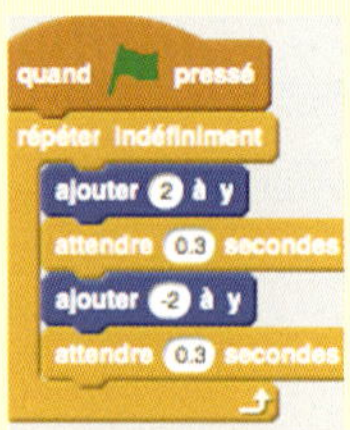

Pour le programme ❷, sélectionne les palettes **Apparence**, **Capteurs** et **Opérateurs**. Utilise les blocs **demander** et **dire**. Ce programme pose la première question de Rata. C'est un questionnaire à choix multiples, auquel la réponse doit être A ou B.

❷

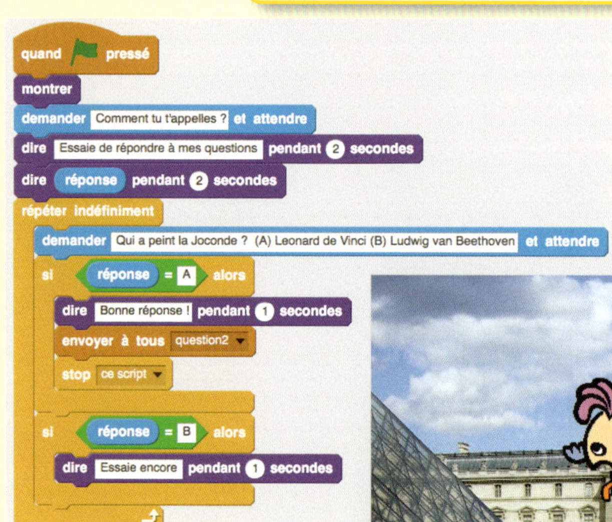

Tu as peut-être remarqué dans le programme ❷ la commande **envoyer à tous** question2 qui est exécutée si tu donnes la bonne réponse. Les messages sont comme des annonces à tous les programmes de ton projet. C'est une bonne technique pour relier les différentes parties d'un jeu. Essayons d'écrire deux autres questions avec les programmes ❸ et ❹. Ils utilisent le bloc **quand je reçois** pour attendre et démarrer seulement lorsqu'ils reçoivent les messages question2 et question3.

❸
```
quand je reçois question2
répéter indéfiniment
  demander Où a-t-elle été peinte (A) Madrid en Espagne (B) Florence en Italie et attendre
  si réponse = A alors
    dire Essaie encore pendant 1 secondes
  si réponse = B alors
    dire Bonne réponse pendant 1 secondes
    envoyer à tous question3
    stop ce script
```

❹
```
quand je reçois question3
répéter indéfiniment
  demander Où est la Joconde aujourd'hui (A) Au Louvre à Paris (B) Au Colisée à Rome et attendre
  si réponse = A alors
    dire Bonne réponse ! pendant 1 secondes
    dire Maintenant essaie de faire le puzzle pendant 2 secondes
    cacher
    envoyer à tous puzzle
    stop ce script
  si réponse = B alors
    dire Essaie encore pendant 1 secondes
```

Lorsque le joueur a répondu correctement aux 3 questions, le message puzzle indique au jeu que le questionnaire est terminé et qu'il doit démarrer la seconde partie avec le puzzle.

NIVEAU 3

Observe le lutin **Puzzle**. Ce n'est pas seulement une image, c'est un lutin avec tout un tas de costumes. Ces derniers sont aussi bien les instructions pour le joueur que les pièces du puzzle elles-mêmes.

Les deux derniers costumes montrent les écrans qui apparaissent selon si tu perds ou gagnes.

Regardons de plus près. Affichons en premier le costume qui donne les instructions au joueur.

Mémorise la séquence d'images !

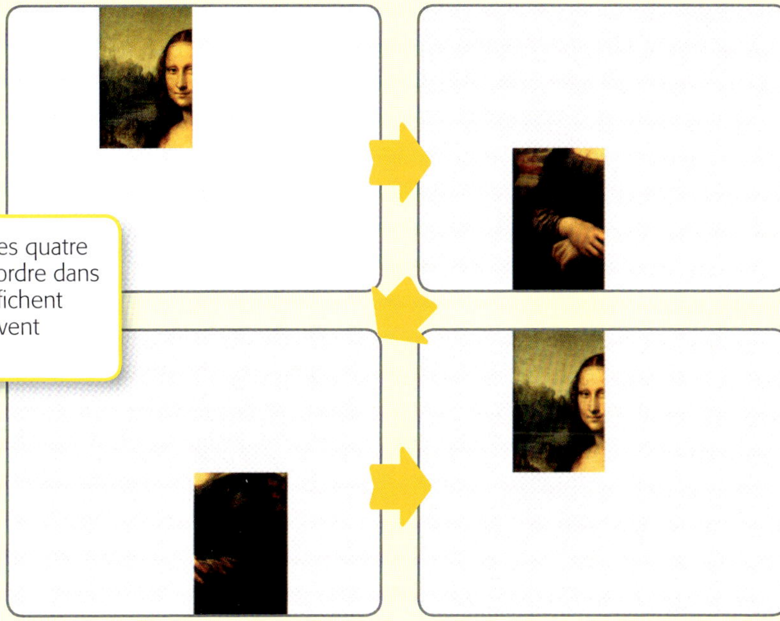

On fait alors apparaître les quatre parties de la Joconde. L'ordre dans lequel les costumes s'affichent est la séquence que doivent mémoriser les joueurs.

Les trois costumes suivants présentent d'autres instructions et l'écran de début du jeu.

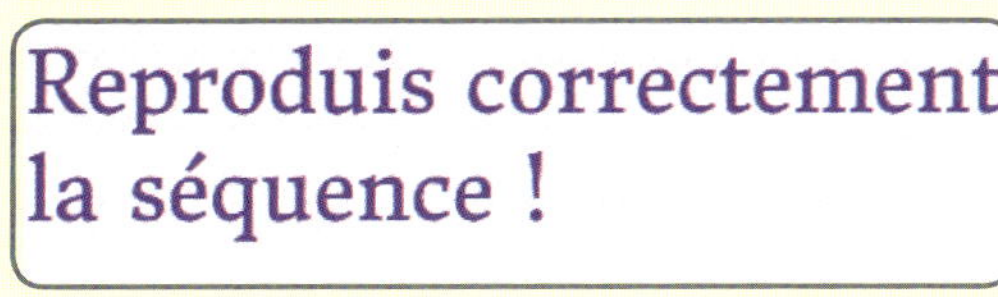

Enfin, deux costumes seront utiles pour les écrans « Gagné !! » ou « Perdu !! ».

NIVEAU 3

Pour ce grand lutin, nous aurons besoin de beaucoup de programmes. Commence par ajouter une commande spéciale appelée variable. Les variables sont parfaites pour suivre les nombres qui changent pendant le jeu (le score, les points de vie, le nombre de vies…).

Clique sur **Créer une variable** dans la palette **Données** et appelle-la Essais. Cette nouvelle variable permet à l'ordinateur de savoir combien d'essais il reste au joueur pour résoudre le puzzle avant de perdre.

Et maintenant, écrivons les programmes. Ajoute les scripts 1 et 2. Le script 1 sert seulement à cacher la variable Essais pendant la première partie du jeu. Le script 2 fixe l'ordre de la séquence des costumes pour le lutin Puzzle, comme décrit pages 56-57. À la fin de cette séquence, il envoie le message début.

Nous allons ajouter quatre scripts différents : un pour chaque bonne position pour le puzzle. Si le joueur appuie sur la mauvaise touche, le lutin change de costume et envoie le message erreur. Nous utiliserons ce message pour modifier la valeur de la variable Essais.

3

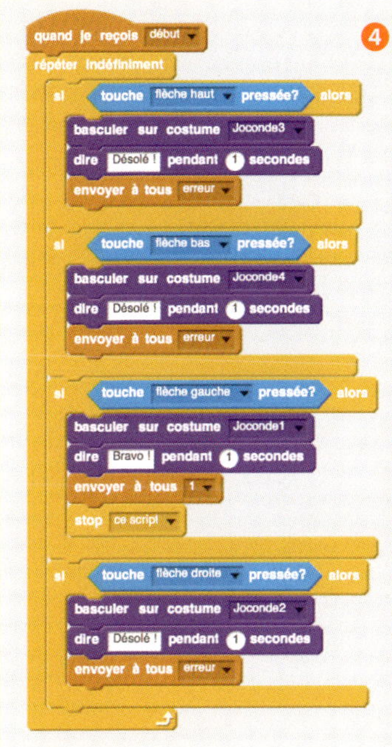

4

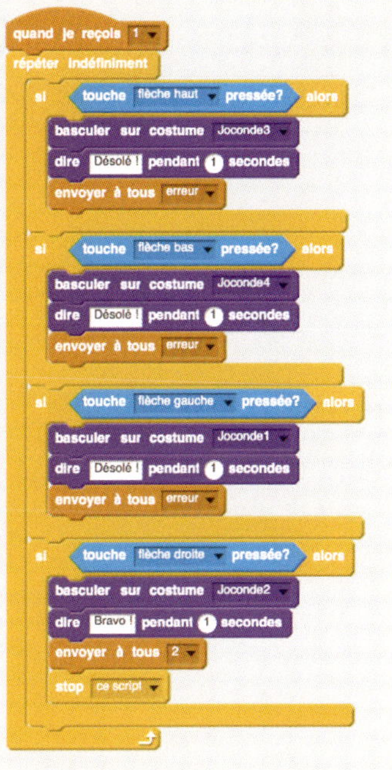

Astuce : tu peux utiliser l'outil Copier ( ) dans la barre d'outils des lutins pour recopier les scripts et aller plus vite.

Regarde bien comment, à la fin du script 3, le message appelé 1 démarre le script 4. De la même manière, le script 5 démarre avec **quand je reçois** 3, message qui est envoyé par le script 4, lorsque le joueur appuie sur la bonne flèche. S'il appuie sur toutes les flèches dans le bon ordre, le script 6 envoie un nouveau message appelé gagné.

5

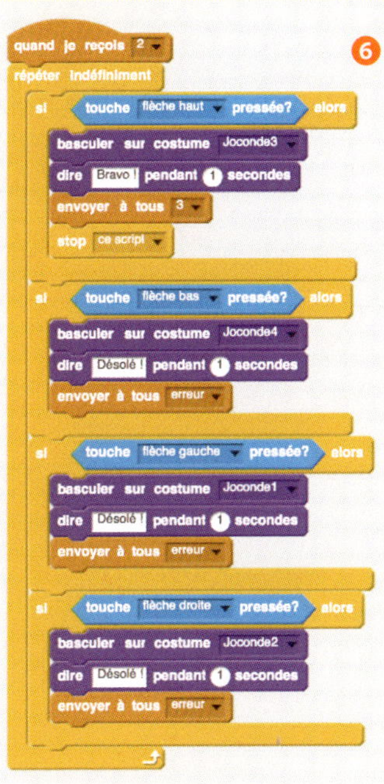

6

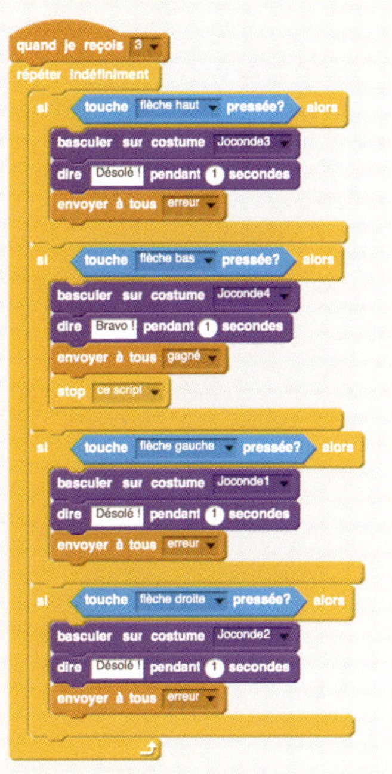

NIVEAU 3

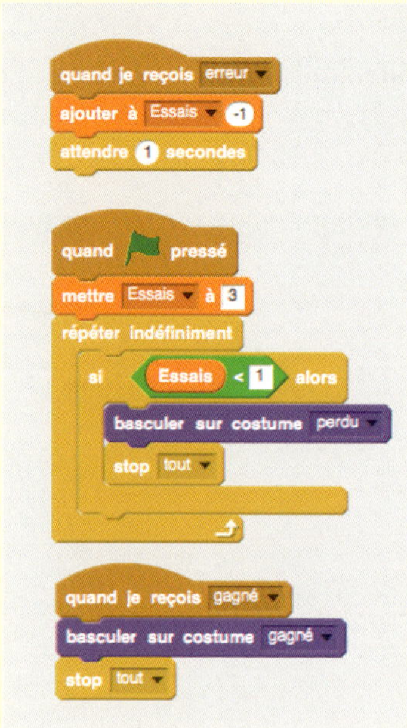

Ajoute enfin 3 programmes pour le lutin Puzzle. Le programme 7 soustrait 1 à la variable Essais à chaque fois qu'il reçoit le message erreur. Les programmes 8 et 9 contrôlent l'apparition des écrans « Gagné !! » et « Perdu !! ».

Ça y est ! N'oublie pas de sauvegarder ton projet, puis essaie le jeu. Vas-tu réussir à gagner ?

Le défi de Scratchy !

Peux-tu utiliser les blocs **demander** et **envoyer à tous** pour créer un test de personnalité ? Et un jeu de cartes avec questions et réponses pour apprendre des mots nouveaux dans une langue étrangère ? À toi de jouer !

HONG KONG A BESOIN D'AIDE !

4 NIVEAU

NIVEAU 4

MISSION ACCOMPLIE !
FABUS EST À NOUVEAU LIBRE !
SNIFF, ENCORE RATÉ...
NE SOIS PAS TRISTE ! POUR MOI, L'ART EST VRAIMENT FAIT POUR ÊTRE PARTAGÉ.
TU CROIS QUE LES DÉFENSEURS COSMIQUES ME PARDONNERAIENT SI JE M'EXCUSAIS ?
SANS DOUTE ! MAIS ATTENTION, IL PARAÎT QUE LE SORCIER NOIR PRÉPARE UNE ATTAQUE VIRALE SUR HONG KONG.
OH, NON ! SI CELA ARRIVE, LE MONDE NUMÉRIQUE TOUT ENTIER SERA DÉTRUIT !
FABUS A RAISON ! DÉTRUISONS LE VIRUS IMMÉDIATEMENT !
HONG KONG
LE VOILÀ !
RECULEZ, JE FAIS DU KUNG-FU !

ATTAQUE VIRALE

NIVEAU 4

Résumé

Apprends à contrôler des lutins avec la souris, à programmer les objets pour qu'ils rebondissent et à démarrer un jeu en appuyant sur la barre d'espace.

Le jeu

Aide Scratchy à attaquer les virus en vol pour les empêcher d'atteindre le serveur en bas de l'écran. Si tu arrêtes 30 virus, tu as gagné !

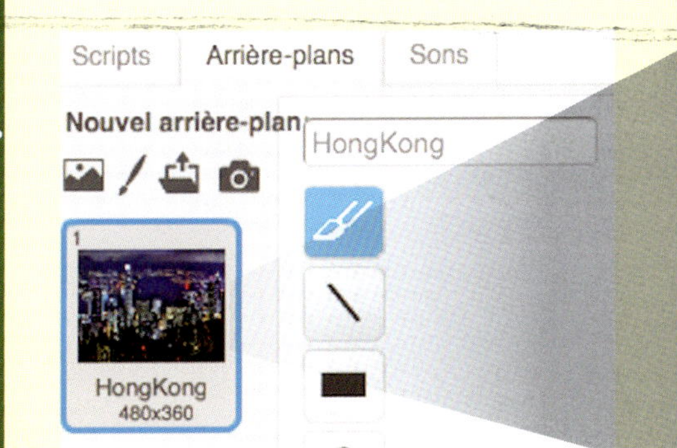

Ouvre le projet sans programme ***04 - Attaque virale.sb2*** (Fichier ▸ Importer depuis votre ordinateur). J'ai choisi comme scène une photo des gratte-ciel de Hong Kong. Mais tu peux opter pour celle de ton choix !

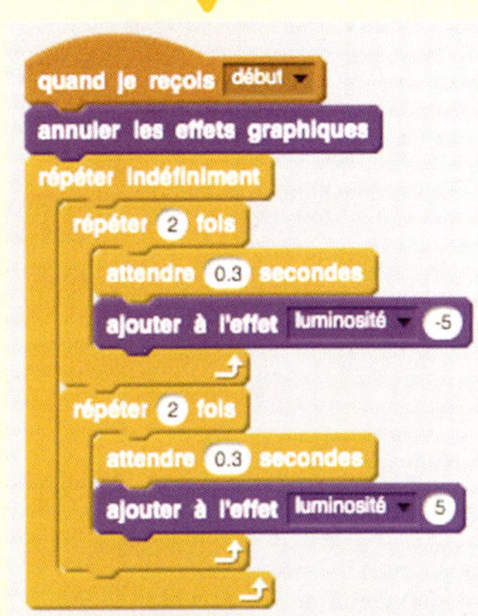

Sais-tu qu'il est possible d'ajouter des programmes pour la scène ? Ajoute celui ci-contre pour que la ville brille de mille feux !

Jetons un coup d'œil au lutin **Instructions**. Il explique au joueur comment fonctionne le jeu. Écrivons 2 programmes pour le contrôler.

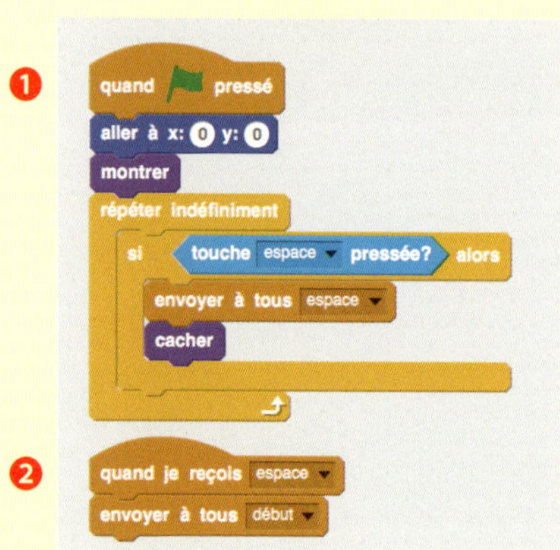

Le programme ❶ fait apparaître le lutin au début du jeu puis disparaître lorsque le joueur appuie sur la barre d'espace du clavier.

Le programme ❷ envoie le message début lorsque le message espace, envoyé par le programme ❶, est reçu. Le jeu commence !

Écrivons maintenant des programmes pour Scratchy. Remarque qu'il a déjà deux costumes : un où il est debout et l'autre où il saute.

Ajoutons des programmes pour contrôler l'apparence de Scratchy. Avec le programme ❶, on le cache tant que le message début n'a pas été reçu. Dans le programme ❷, on contrôle ses changements de costumes. À chaque fois que le joueur clique, c'est-à-dire quand la condition **souris pressée?** est vraie, son costume bascule sur celui où il saute.

❶

❷

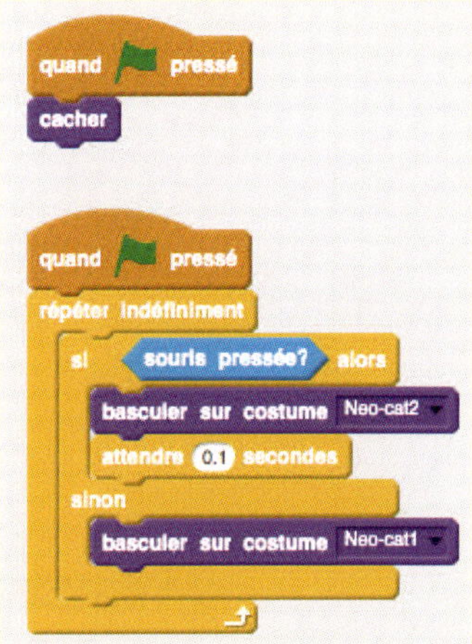

NIVEAU 4

③ ④
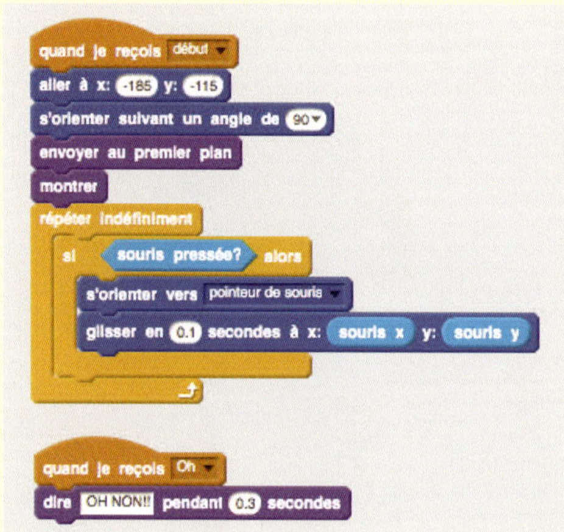

Comment le joueur agit-il sur les mouvements de Scratchy ? Le programme ③ sert à le contrôler avec la souris, ne le faisant apparaître que lorsque le message début est reçu.

Avec le programme ④, une bulle « OH NON !! » s'affiche lorsque le lutin Scratchy reçoit le message Oh. Nous enverrons ce dernier à chaque fois qu'un virus touche le serveur.

Astuce : en utilisant la souris au lieu du clavier, le joueur contrôle parfaitement Scratchy, qui se déplacera très vite dans ce jeu. Mais n'oublie pas : chaque jeu est différent ! Le clavier est donc parfois bien adapté.

C'est le moment de programmer un nouveau lutin. Sélectionne le lutin **Serveur** qui ressemble à l'image ci-dessous, mais nous voulons qu'il soit centré et en bas de l'écran. Ajoute ce petit programme pour qu'il s'affiche au bon endroit.

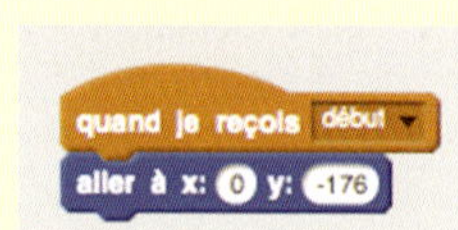

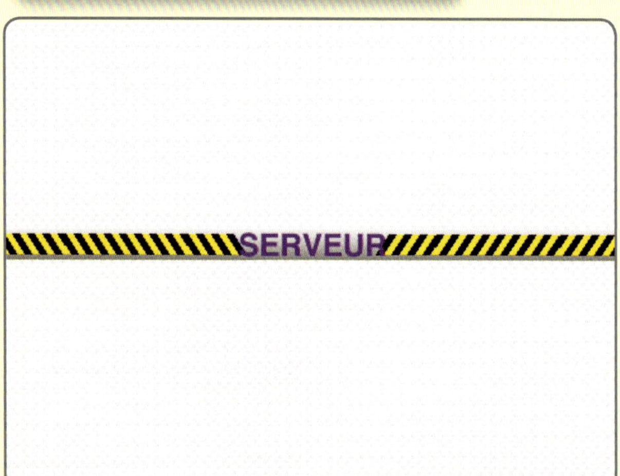

Nous allons maintenant programmer notre adversaire. Le lutin **Virus** a un costume pour chaque lettre du mot : V-I-R-U-S.

Le programme ❶ cache le virus jusqu'à ce que le jeu commence. Le programme ❷ change les costumes du lutin Virus pendant qu'il se déplace.

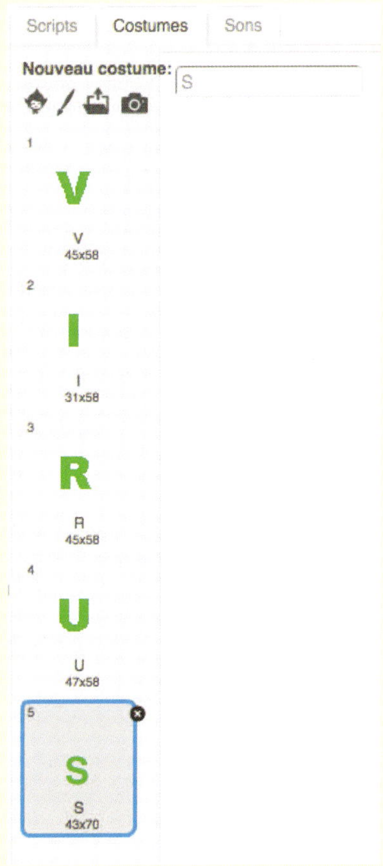

❶ ❷

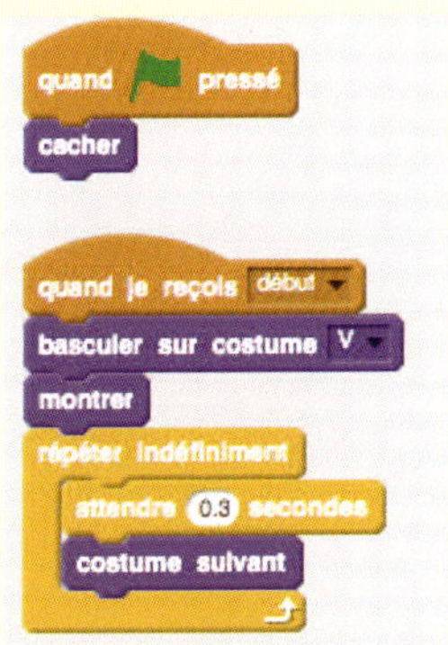

Avec le programme ❸, le virus voltige. Il rebondit à chaque fois qu'il touche Scratchy ou les bords de l'écran.

❸

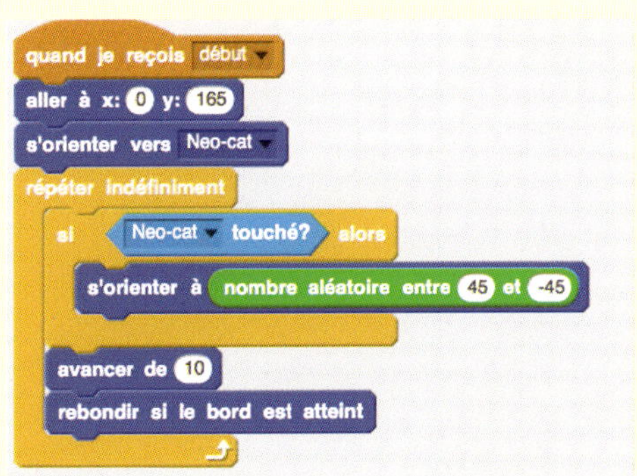

Nous allons ajouter d'autres programmes pour le virus afin de suivre le score. Ils utilisent des blocs des palettes **Contrôle**, **Événements** et **Données** pour enregistrer les variables qui définissent les conditions pour perdre ou gagner.

Le programme ❹ crée une variable Score et définit les conditions à remplir pour que le script envoie le message gagné !. Ton score apparaît maintenant sur la scène.

❹

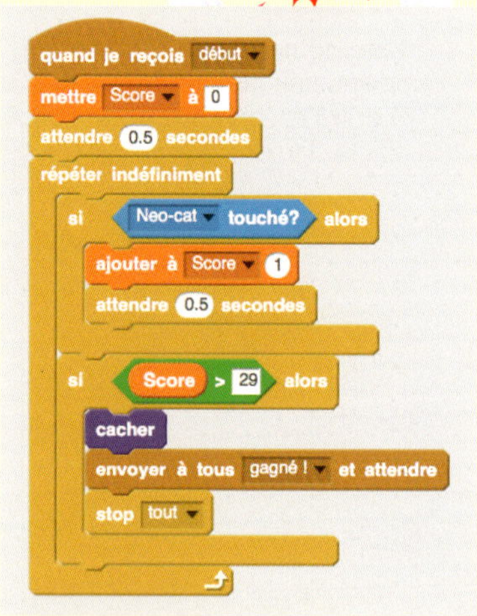

Le programme ❺ crée une variable Vies qui est le nombre de fois où le virus peut toucher le serveur avant que le joueur ne perde. Donnons 5 vies à Scratchy. Lorsqu'il n'en a plus, le programme envoie le message perdu !. Exactement comme pour Score, le nombre restant de Vies apparaît sur la scène.

❺

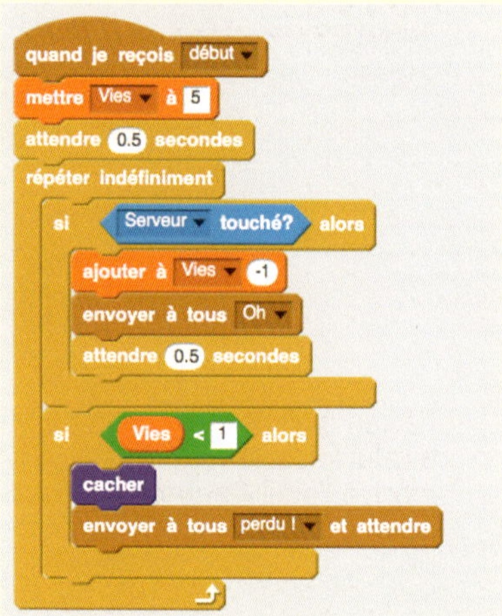

Astuce : lorsque tu définis les règles pour gagner ou perdre dans tes jeux, utilise, comme nous l'avons fait dans les programmes ❹ et ❺, le symbole plus grand que (>) ou plus petit que (<) plutôt que le signe égal (=). Cela évite des erreurs si une variable change trop vite !

Comment une variable peut-elle changer trop vite dans ce jeu ? Si Scratchy touche le virus plusieurs fois de suite très rapidement, le programme ne comprend pas que tu as gagné.

Intéressons-nous maintenant au lutin de l'écran qui apparaît lorsqu'on a gagné. Les programmes ❶ et ❷ cachent cet écran, puis le programme ❸ l'affiche lorsqu'on reçoit le message gagné ! envoyé par le lutin Virus.

❶ ❷ ❸

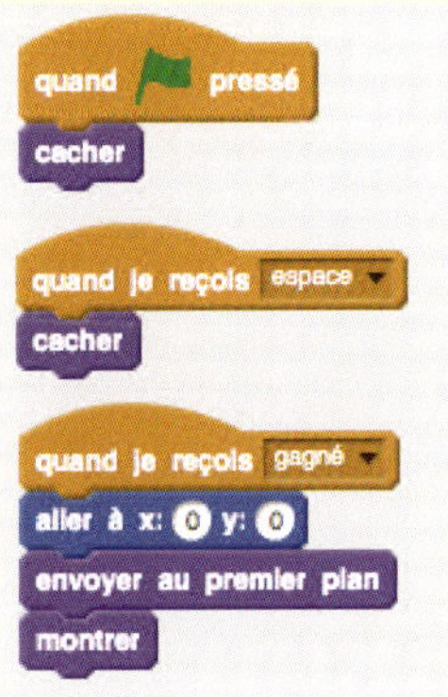

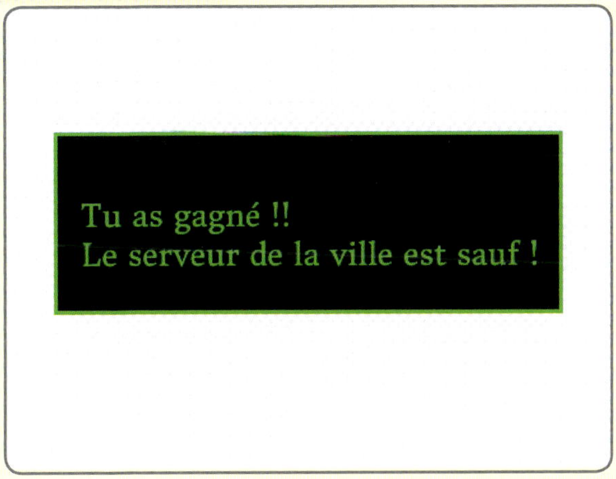

L'écran qui apparaît quand on perd ressemble à celui lorsqu'on gagne. Pour gagner du temps, grâce à l'outil **Copier**, clique sur l'écran « Gagné !! » pour copier à la fois l'image et le programme.

Il ne reste plus qu'à changer le costume et à modifier un peu le dernier programme.

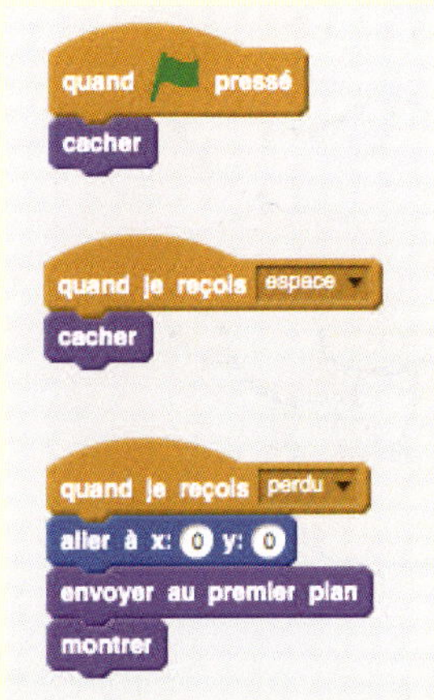

4 NIVEAU

Nous avons fini ! Après avoir enregistré ton fichier, dépêche-toi d'aider Scratchy à défendre le réseau contre l'attaque des virus !

Le défi de Scratchy !

Comment rendre le jeu plus difficile ? Pourquoi ne pas ajouter différentes sortes de virus ? Et si tu transformais ce jeu en match de ping-pong avec deux joueurs ? À toi de jouer !

TIRS AU BUT A IPANEMA

NIVEAU 5

NIVEAU 5

D'APRÈS LE MANUEL SECRET, LE VIRUS ARRIVE D'IPANEMA.
C'EST LA CÉLÈBRE PLAGE BRÉSILIENNE D'IPANEMA À RIO DE JANEIRO.
ME FAUT-IL UN MAILLOT DE BAIN ?
RIO DE JANEIRO
JE SENS UN DÉFENSEUR COSMIQUE TOUT PRÈS.
OH, TOUT LE MONDE EST GELÉ...
PAS TOUT LE MONDE... J'ENTENDS UN COUINEMENT AU LOIN !
GOBO ! FABU ! JE SUIS COINCÉ DANS LE BUT.
TIENS BON, RIKI... QU'ALLONS-NOUS FAIRE ?
POUR MARQUER UN BUT, IL FAUT UN BALLON DE FOOT !
CETTE FOIS, À MOI DE RELEVER LE DÉFI !

FOOT À RIO

NIVEAU 5

Résumé

Apprends à programmer un jeu de foot avec un système de cible, plusieurs règles, des effets sonores interactifs et un arrière-plan animé.

Le jeu

Tire au but en évitant le gardien. Tu gagnes si tu marques 5 buts sur 8 essais.

Voilà une image du jeu complet. Nous devons créer une cible qui se déplace à l'intérieur du but. Quand tu appuies sur la barre d'espace, tu tires en direction de la cible. Mais attention, le gardien plonge à chaque fois que tu tires !

Pour commencer, ouvre le fichier ***05 - Foot a Rio.sb2*** (Fichier ▸ Importer depuis votre ordinateur) qui contient tous les lutins, mais pas encore de programmes.

Dessine ton propre arrière-plan si tu le désires !

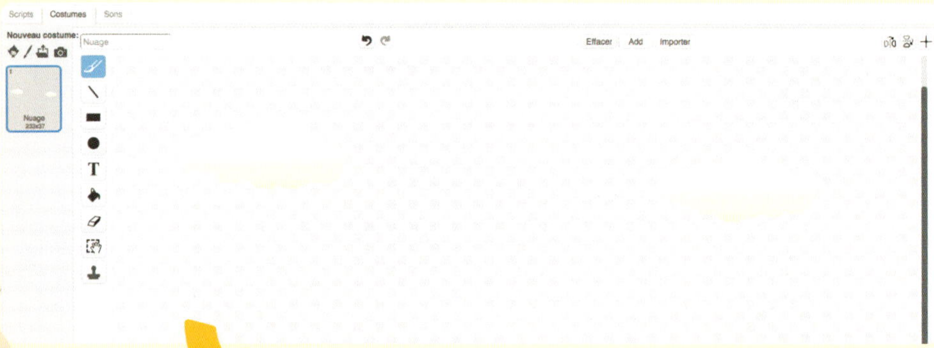

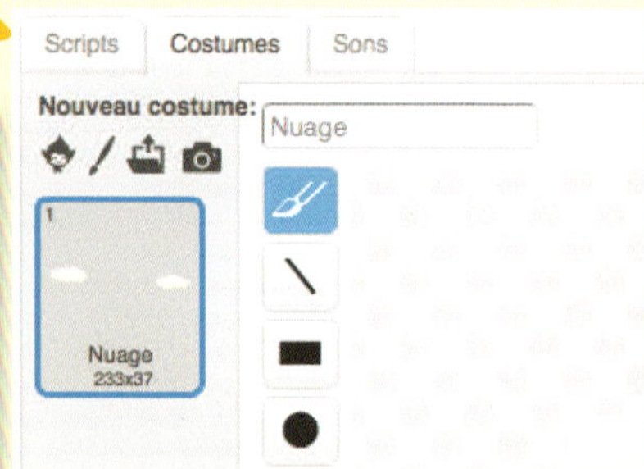

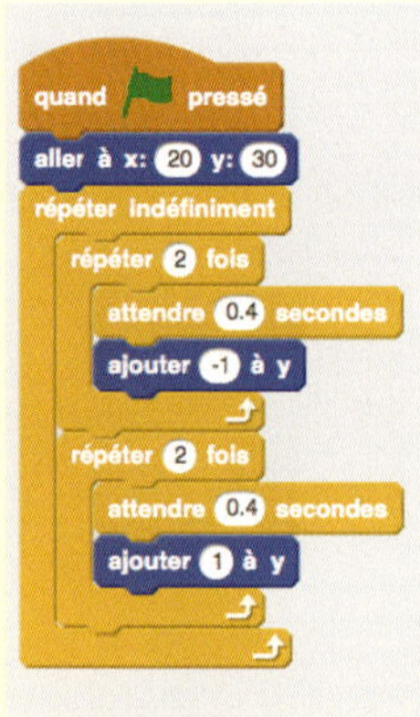

J'ai créé un lutin pour les nuages, appelé **Nuage**. Clique dessus, puis ajoute le programme qui les fait flotter de haut en bas pour rendre l'arrière-plan plus vivant.

Qui dit plage, dit vagues ! Le lutin **Vague** est indépendant de l'arrière-plan et nous allons lui donner ses propres programmes.

Les vagues se déplacent de haut en bas ; leur programme est donc semblable au script des nuages. Voici une petite astuce : tout d'abord, sélectionne le lutin Nuage dans la liste et glisse son programme sur l'icône de la vague. Lorsque le curseur est juste au-dessus du lutin Vague, relâche le bouton de la souris. Tu viens de copier le programme du lutin Nuage pour le lutin Vague.

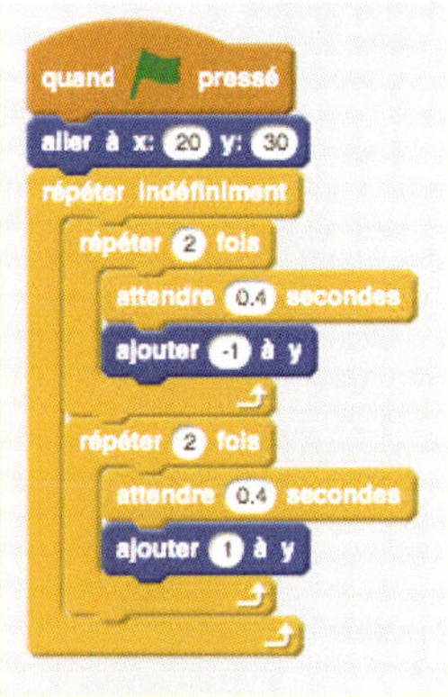

Modifie ce script pour que le lutin Vague bouge plus vite et avec une fréquence plus élevée que les nuages.

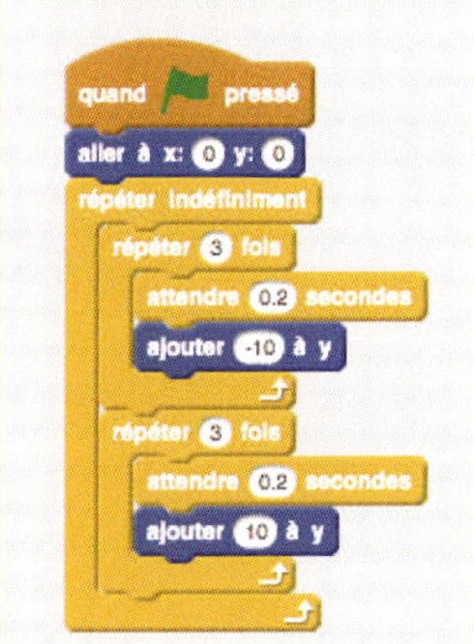

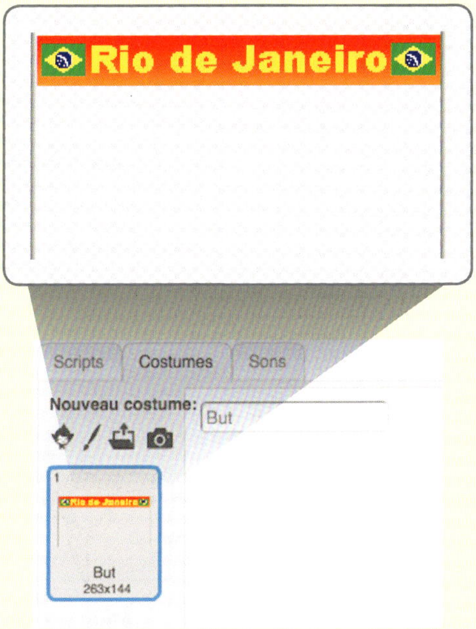

Passe maintenant au lutin **But** et écris un programme pour le positionner au centre de la scène.

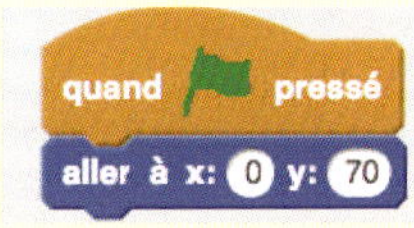

Le **Filet** du but a son propre lutin. Clique sur la liste des lutins, puis crée ce petit programme pour définir sa position.

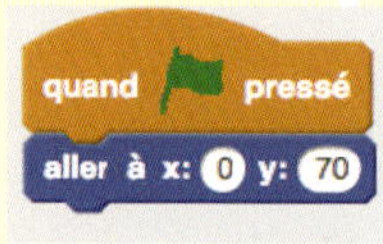

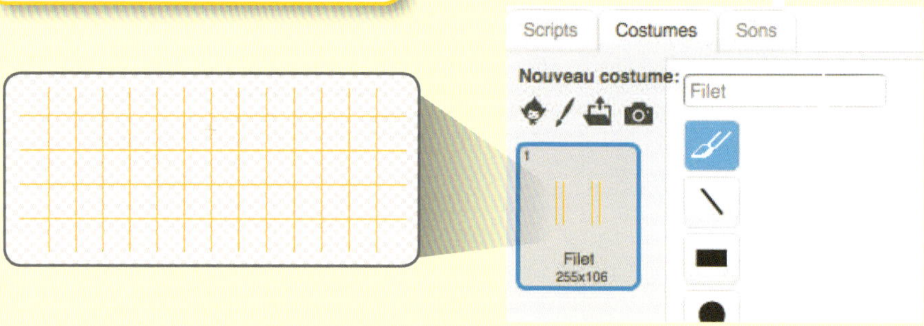

C'est le bon moment pour vérifier que tout apparaît au bon emplacement. Clique sur ⚑. Si les nuages flottent dans le ciel, si les vagues déferlent sur la plage, si le but et le filet sont à leur place, alors tu peux passer à la programmation du jeu lui même.

Programmons le lutin **Cible** qui indique l'endroit où Mitch va tirer.

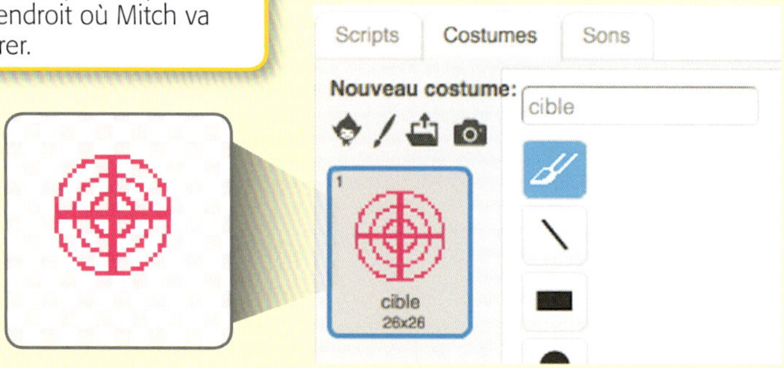

1

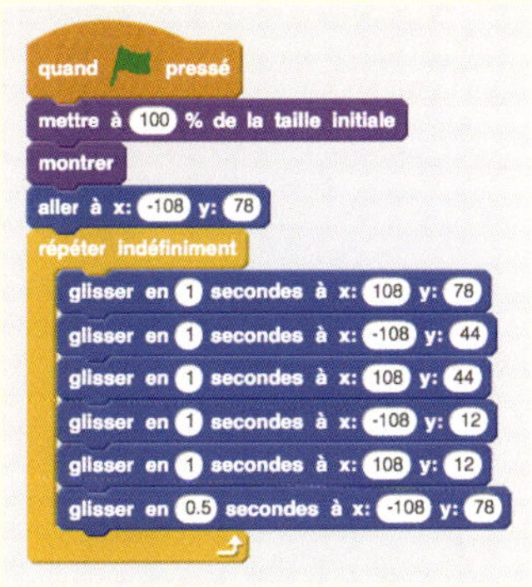

Avec le programme 1 la cible zigzague à l'intérieur du but.

2

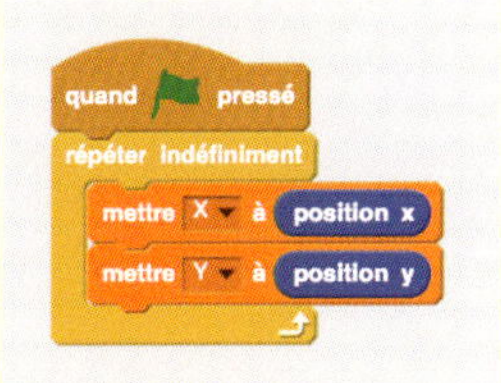

Dans le programme 2, ajoute une boucle **répéter indéfiniment** qui contient deux blocs de commandes **mettre** de la palette **Données**. Ces variables nous serviront à suivre le ballon après que Mitch a tapé dedans. Tu dois créer les variables X et Y à partir de la palette **Données**.

Astuce : le joueur n'a pas besoin de ces informations ; rends-les invisibles à l'écran en les désélectionnant dans la palette **Données**.

3

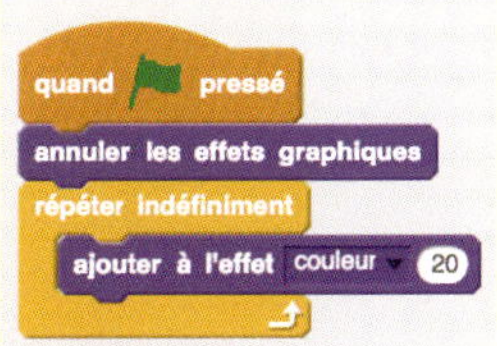

4

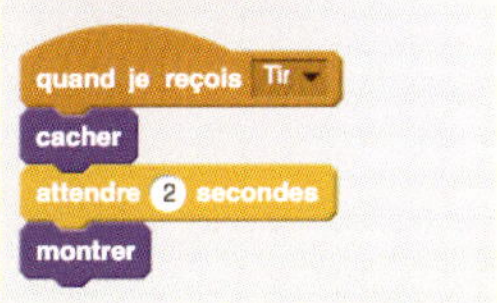

Ajoute maintenant les programmes 3 et 4 pour le lutin Cible. Le premier modifie continuellement la couleur de la cible. Le second fait disparaître la cible lorsque le lutin reçoit le message Tir, c'est-à-dire lorsque Mitch tape dans le ballon.

5
NIVEAU

Pour que ce jeu soit encore plus drôle, Riki le gardien de but a deux costumes. Tu peux programmer une animation simple qui bascule de l'un à l'autre.

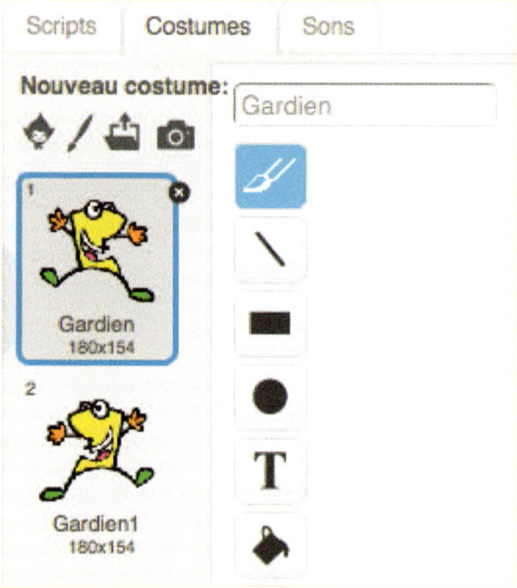

Nous allons écrire deux programmes pour Riki. Le programme ❶ définit sa taille, son costume et sa position de départ, puis l'anime via la commande **costume suivant** à l'intérieur d'une boucle **répéter indéfiniment**.

Lorsque le programme ❷ reçoit le message Tir, Riki plonge vers un endroit au hasard du but pour essayer d'arrêter le ballon. Le bloc **nombre aléatoire** appartient à la palette **Opérateurs**. Insère deux fois ce bloc à l'intérieur des blocs **glisser**.

❶

❷

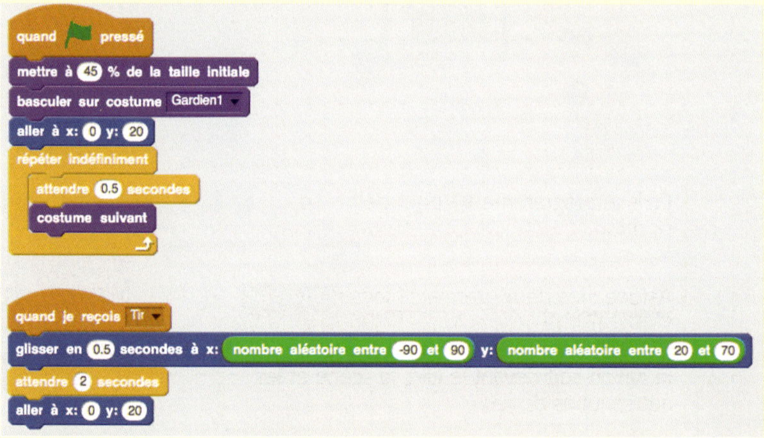

Passons maintenant au programme pour l'objet le plus important du jeu : le ballon.

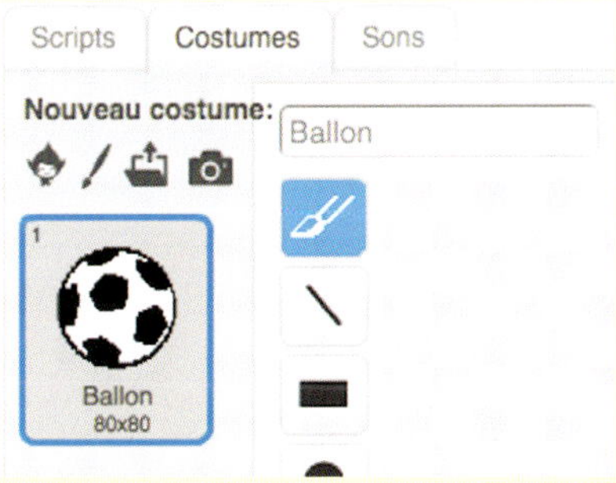

Tout d'abord, clique sur **Ballon** dans la liste des lutins. Écoute les différents effets sonores de l'onglet **Sons** ou utilise les tiens.

Écris le programme ❶ pour définir sa position au début du jeu et jouer le son Sifflet.

Astuce : les deux premiers blocs (**envoyer au premier plan** et **déplacer de 1 plans arrière**) fixent la position du plan afin que le ballon soit devant le filet, la scène et les autres lutins du jeu.

❶

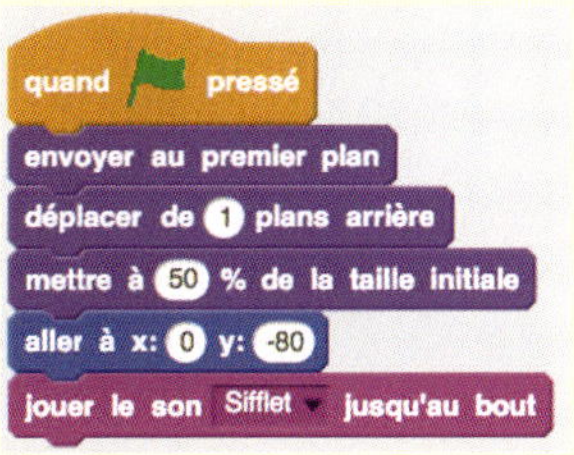

En créant les variables Ballons et Score, tu sauras combien de fois le joueur a tiré et marqué. Le programme ❷ fixe les valeurs au début du jeu pour ces variables.

Le programme ❸ envoie le message Tir à chaque fois qu'on appuie sur la barre d'espace. Remarque que la condition **si** utilise un bloc **non** de la palette **Opérateurs** pour vérifier qu'il reste des essais au joueur (Ballons > 0) et qu'il n'a pas gagné (Score = 5).

Le programme ❹ utilise une astuce de programmation sympa : le ballon rétrécit lorsqu'il s'éloigne grâce à une valeur négative (-2) dans le bloc **ajouter à la taille**.

❷ ❸ ❹

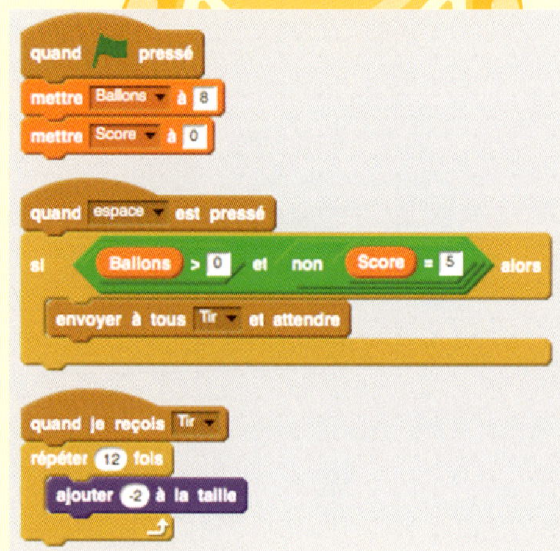

Le programme ❺ est très important. Il fait glisser le ballon vers les variables X et Y (insère-les dans le bloc **glisser** à partir de la palette **Données**). Les deux conditions **si** contiennent le programme pour calculer le score. Il envoie les messages But ou Raté selon que Riki touche ou non le ballon.

❺

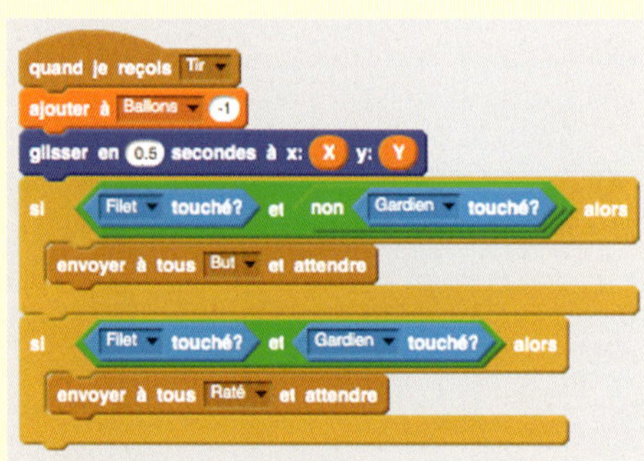

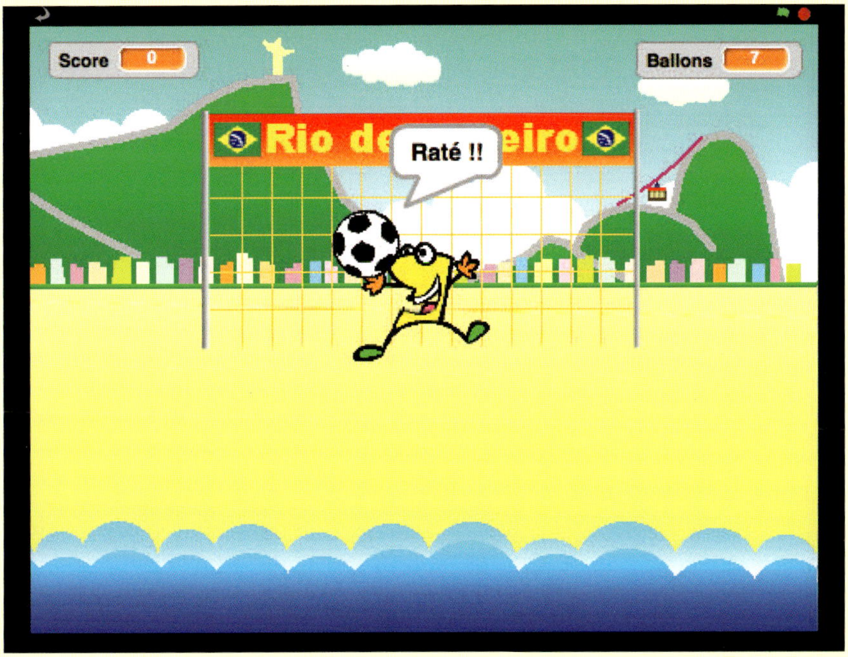

Tu marques un but si tu réussis à tromper Riki le gardien !

NIVEAU 5

❻
❼

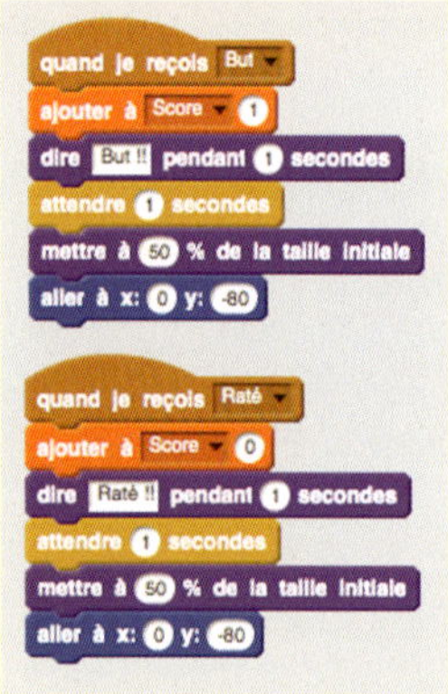

Ajoute maintenant des programmes pour le ballon. Avec les programmes 6 et 7, tu contrôles ce qui se passe lorsqu'un message But ou Raté est reçu. Le programme ❻ ajoute 1 au Score, alors que le programme ❼ ne le modifie pas. Que le joueur ait marqué au pas, le ballon retourne à sa position initiale après 1 seconde.

❽
❾
❿

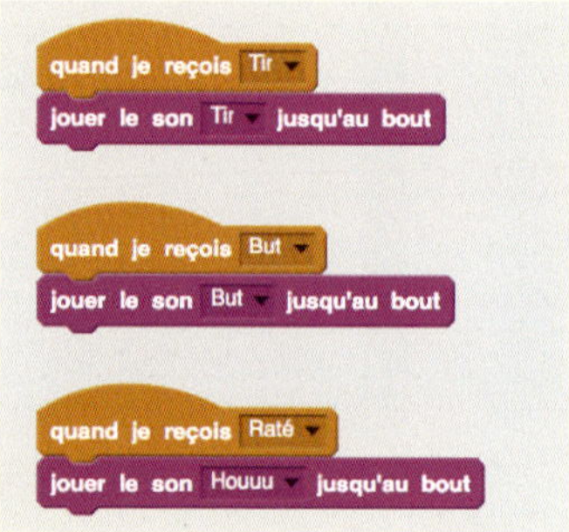

Les programmes ❽, ❾ et ❿ contrôlent les effets sonores.

⓫
⓬
⓭

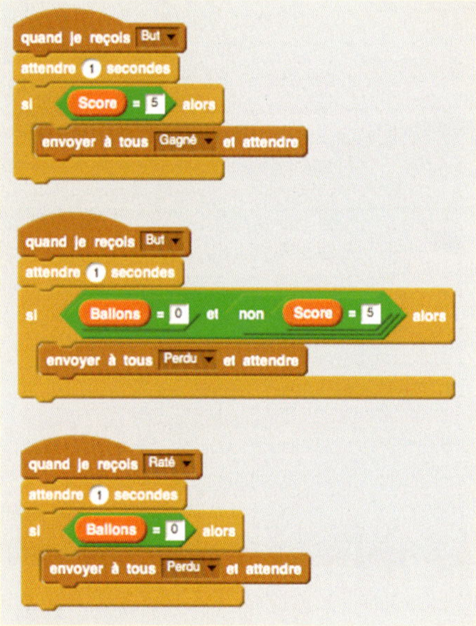

Définissons les règles pour gagner ou perdre. Le programme ⓫ envoie le message Gagné ! lorsque la variable Score atteint 5. Les programmes ⓬ et ⓭ envoient le message Perdu ! lorsque le joueur a utilisé tous ses essais, c'est-à-dire quand Ballons = 0. Sans le programme ⓭, le joueur perd même s'il marque son 5e but à son dernier essai.

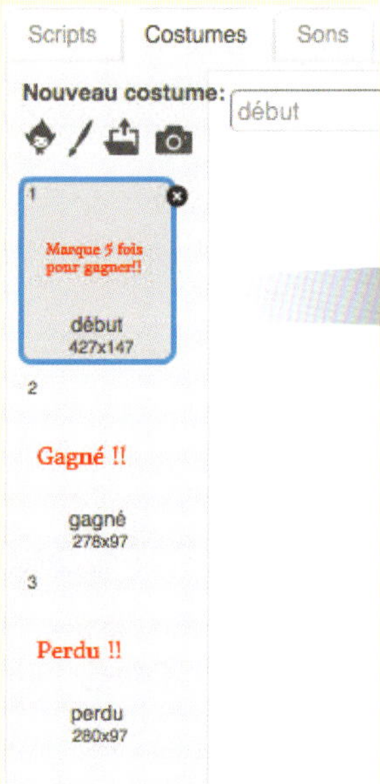

Il est temps de programmer le lutin **Annonces**. Il a trois costumes : pour les instructions (début), l'écran si on gagne (gagné) ou si on perd (perdu).

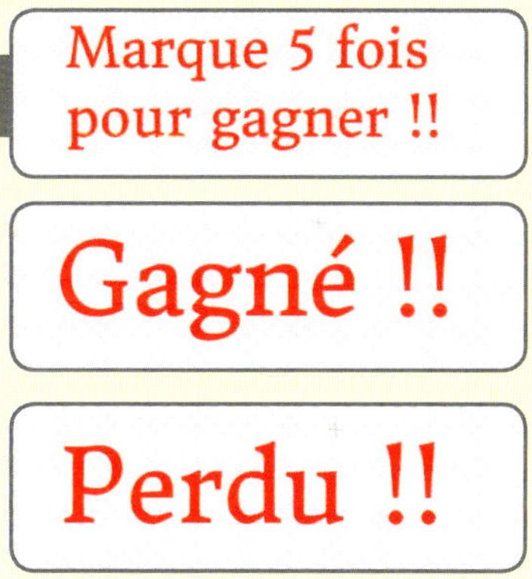

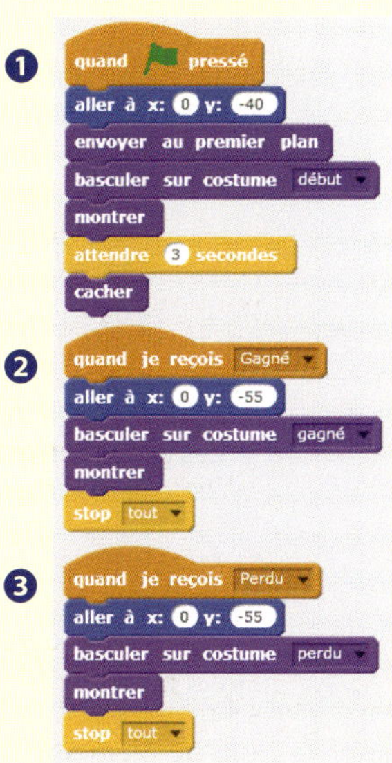

Ajoutons ces trois programmes pour faire apparaître les costumes au bon moment. Le script ❶ affiche les instructions au début du jeu. Dans le script ❷, le message Gagné ! déclenche l'apparition du costume gagné. C'est la même chose pour l'apparition du costume perdu déclenchée par le message Perdu ! dans le script ❸. Le bloc **stop tout** à la fin des scripts ❷ et ❸ arrête le jeu.

N'oublie pas d'enregistrer ton jeu avant de relever le défi et montrer tes talents de footballeur ! Souviens-toi : appuie sur la barre d'espace pour tirer.

Le défi de Scratchy !

Peux-tu transformer ce jeu en un jeu de tir comme dans les fêtes foraines ? Comment faire pour que Riki se change en meilleur gardien ? À toi de jouer !

RALLYE DANS LE DÉSERT

6 NIVEAU

NIVEAU 6

BUT !!
BAM !
LE VERROU EST BRISÉ, QUEL TALENT !
NE SOIS PAS TROP MODESTE, MITCH !
OUAIS, J'AI SURTOUT GAGNÉ AVEC L'AIDE DE TOUT LE MONDE ET DES INSTRUCTIONS DU MANUEL SECRET !
RIKI EST DE RETOUR, TOUS LES DÉFENSEURS COSMIQUES SONT RÉUNIS À NOUVEAU !
UNISSONS-NOUS POUR RÉTABLIR L'ÉQUILIBRE DE L'UNIVERS.
IL Y A UN JOYAU MAGIQUE DANS LA PYRAMIDE DE GIZEH. NOUS DEVONS LE RÉCUPÉRER AVANT LE SORCIER NOIR.
OH NON ! ! IMPOSSIBLE D'OUVRIR LA PORTE À CÔTÉ DE LA PYRAMIDE À CAUSE DE L'EFFET DU JOYAU MAGIQUE.
IL VA NOUS FALLOIR DES MOYENS PLUS TRADITIONNELS.
LE DÉSERT DU SAHARA
LE CAMION EST PRÊT, EN VOITURE !
ACCROCHEZ-VOUS !
AHHH !
NON !! ILS ONT EU MITCH !
DÉPÊCHE-TOI, DÉMARRE LA VOITURE, RATTRAPONS-LES !

POURSUITE DANS LE DÉSERT

NIVEAU 6

Résumé

Apprends à créer un jeu avec un fond déroulant, à programmer des mouvements complexes pour les lutins et à faire changer un arrière-plan au cours du temps.

Le jeu

Contrôle la voiture de Scratchy pour éviter les obstacles et échapper aux Défenseurs cosmiques, jusqu'à la pyramide de Gizeh. À chaque fois que tu percutes un obstacle, un des Défenseurs cosmiques est éjecté de la voiture. Après 4 collisions, ta voiture est cassée.

Ouvre d'abord le fichier ***06 - Poursuite dans le desert.sb2*** (Fichier ▸ Importer depuis votre ordinateur), qui contient déjà plein de lutins. Il n'y a pas encore de programmes, mais nous allons les ajouter tout de suite.

Tout d'abord, jette un coup d'œil à la scène. Si tu cliques sur son icône dans la liste des lutins, tu vois qu'il y a différents arrière-plans.

6 NIVEAU

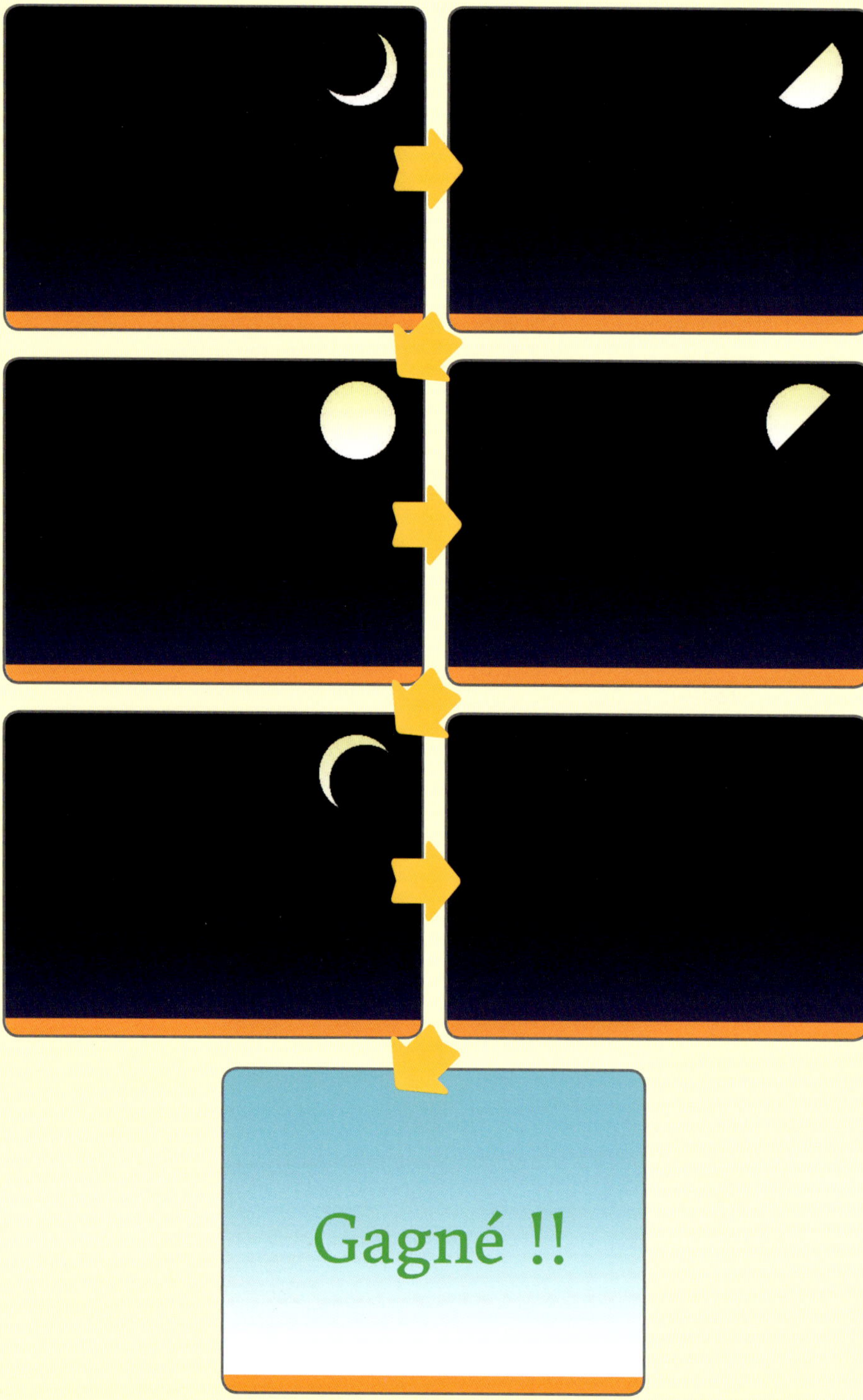

Gagné !!

Les arrière-plans de la scène sont comme les costumes pour les autres lutins. Écrivons un programme qui contrôle leur séquence.

Le programme ❶ modifie l'arrière-plan au cours du temps grâce à deux boucles, une pour le jour, une autre pour la nuit. Utilise l'outil Copier pour gagner du temps ! Grâce à cette animation, la scène change pendant que Scratchy conduit.

Le programme ❷ affiche l'arrière-plan Gagné lorsqu'il reçoit le message fin.

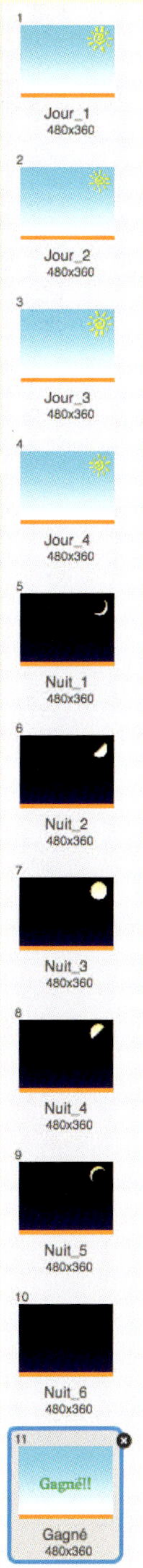

❶

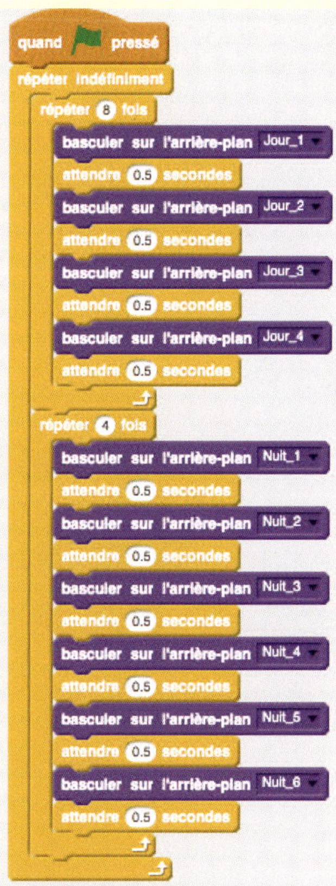

❷

Le programme ❸ permet de suivre le temps qui passe. Crée une variable Temps à partir de la palette **Données**. Après avoir employé le bloc **mettre Temps à 0**, nous ajoutons 1 à la variable Temps à chaque seconde. Cette variable sera utile plus tard.

❸

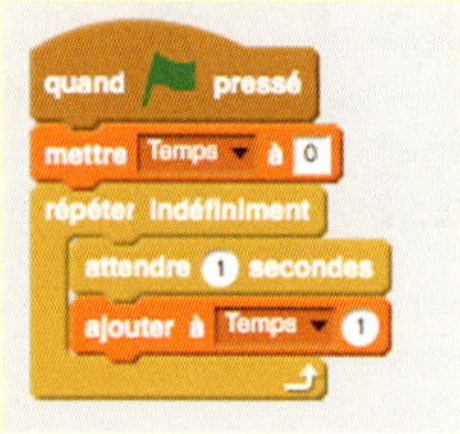

Maintenant, occupons-nous de la route. Sers-toi de toute la largeur de la scène si tu la dessines.

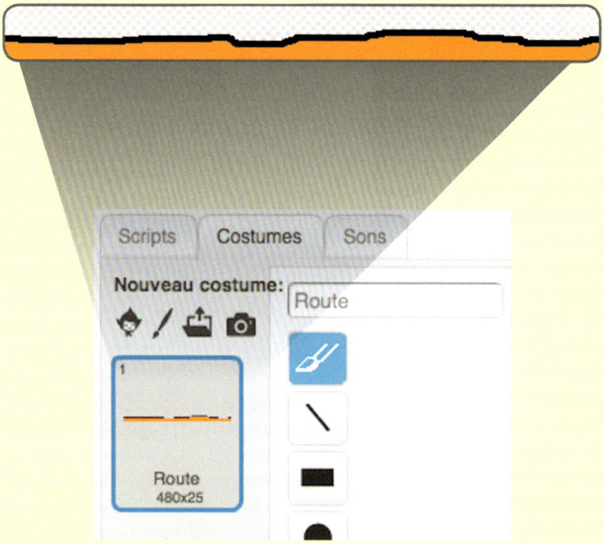

Ces programmes affichent le lutin **Route1** sur la scène et le font défiler vers la gauche.

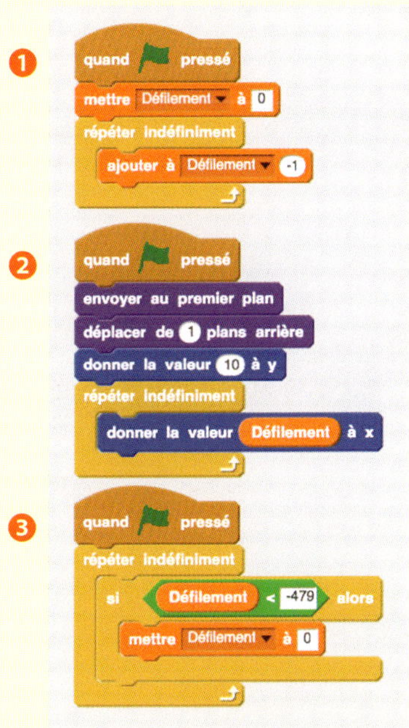

Écris le programme ❶ pour faire décroître en continu la variable Défilement de 1 (avec le bloc **ajouter à Défilement -1**).

Le programme ❷ définit la position de la route. Fixe la coordonnée y à 10 afin qu'elle ne bouge pas de haut en bas, puis ajoute **donner la valeur Défilement à x** dans une boucle **répéter indéfiniment**. Ainsi, la route défile continuellement vers la gauche en suivant la valeur de la variable Défilement.

Le programme ❸ réinitialise la variable Défilement à 0 lorsqu'elle atteint une valeur inférieure à -479.

Astuce : pourquoi a-t-on utilisé le nombre -479 ? La largeur de la scène est de 480 pixels ; cela correspond donc à la position où la route quitte la scène.

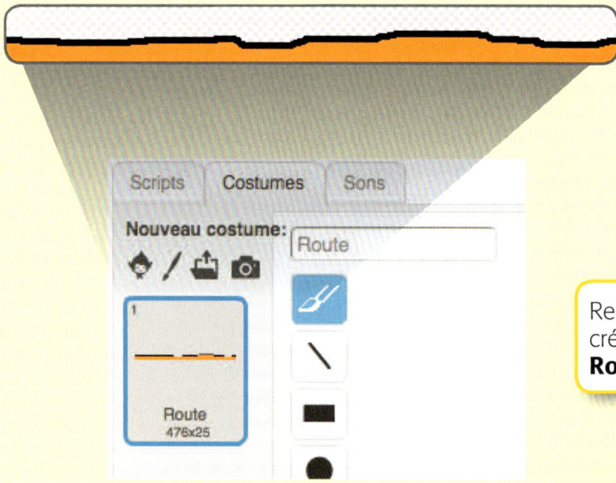

Recopie le lutin Route1 pour créer un second lutin appelé **Route2**.

Ajoute ce programme qui utilise la variable Défilement du lutin Route1. Une astuce fera défiler la Route2 juste derrière la Route1. En choisissant comme coordonnée en x la valeur Défilement + 480, on sait que la Route2 suivra la Route1. Cela signifie que, quoi qu'il arrive, le joueur aura toujours une route sur laquelle conduire.

```
quand [drapeau vert] pressé
envoyer au premier plan
donner la valeur (10) à y
répéter indéfiniment
    donner la valeur ((Défilement) + (480)) à x
```

Maintenant, au tour du lutin Voiture.

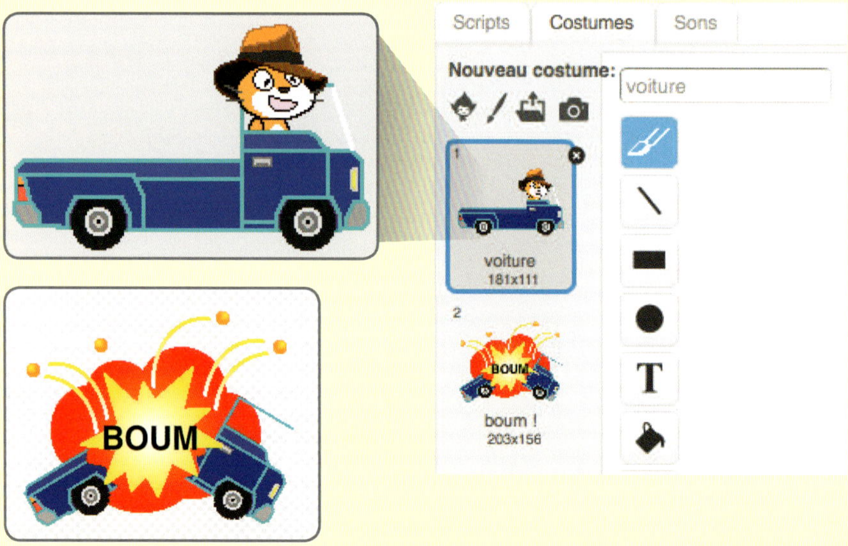

Le programme ❶ exécute plein de choses. Il définit le costume, la taille et la position de la voiture.

La boucle **répéter indéfiniment** contient le reste du programme. Le bloc **ajouter -5 à y** tire la voiture vers le bas, simulant la gravité. Avec le bloc **si couleur touchée?**, la voiture rebondit à chaque fois qu'elle touche la partie noire de la route, comme s'il y avait plein de bosses. Le bloc **si touche flèche haut pressée?** envoie le message saut et attend.

❶ ❷

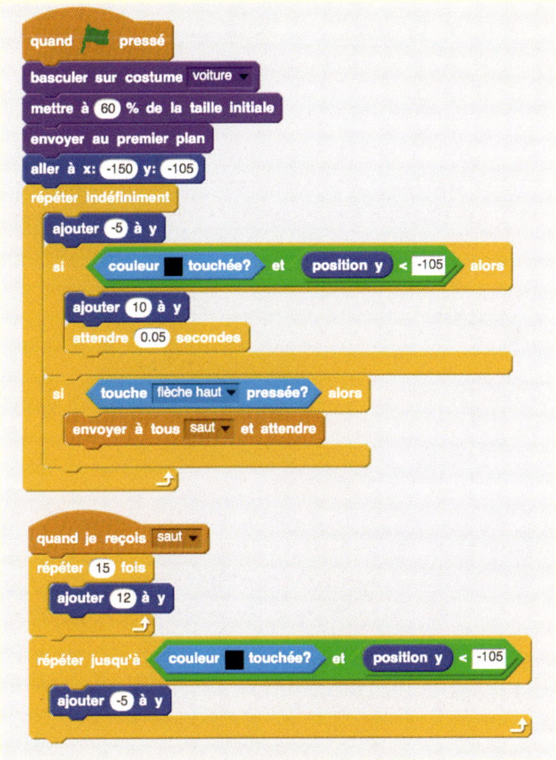

Le programme ❷ attend le message saut et fait sauter la voiture.

Dans le programme ❶, le bloc **envoyer à tous saut et attendre** met le premier programme en pause pendant que le second s'exécute.

6 NIVEAU

Maintenant, ajoute le programme ❸ pour que la voiture se déplace vers la droite et la gauche.

❸

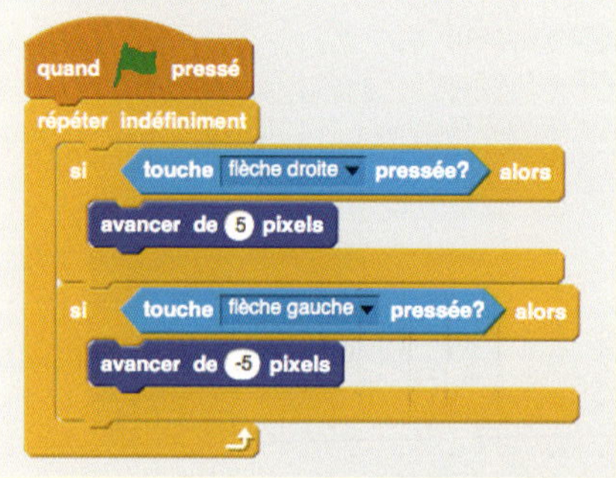

Dans le programme ❹, on ajoute le texte des instructions pour le joueur.

Dans le programme ❺, on crée une nouvelle variable appelée Vies. Lorsque sa valeur est inférieure à 1, le costume de la voiture bascule sur boum ! et le jeu s'arrête avec la commande **stop tout**.

❹ ❺

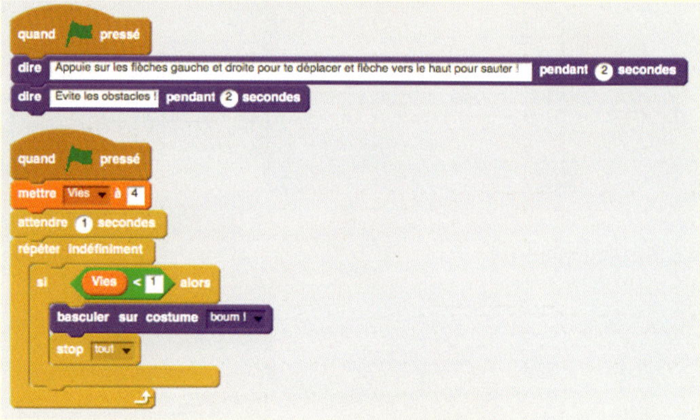

Quand tu as fini de programmer le lutin Voiture, ajoute des passagers : les Défenseurs cosmiques !

Utilise les lutins qui sont déjà dans le projet ou dessine les tiens. J'ai mis **Gobo** à l'arrière, **Fabu** au milieu et **Riki** devant. Ce n'est pas grave si les lutins se chevauchent un peu, car ils partent tous ensemble dans la voiture.

NIVEAU 6

Écris un programme pour Gobo qui définit sa taille et sa position. Utilise le bloc **aller à** pour toujours suivre le lutin Voiture. Si la variable Vies a une valeur inférieure à 4 (**Vies < 4**), Gobo est éjecté dans une direction au hasard. Lorsqu'il touche le haut de l'écran (**position y = 180**), il disparaît grâce au bloc **cacher**.

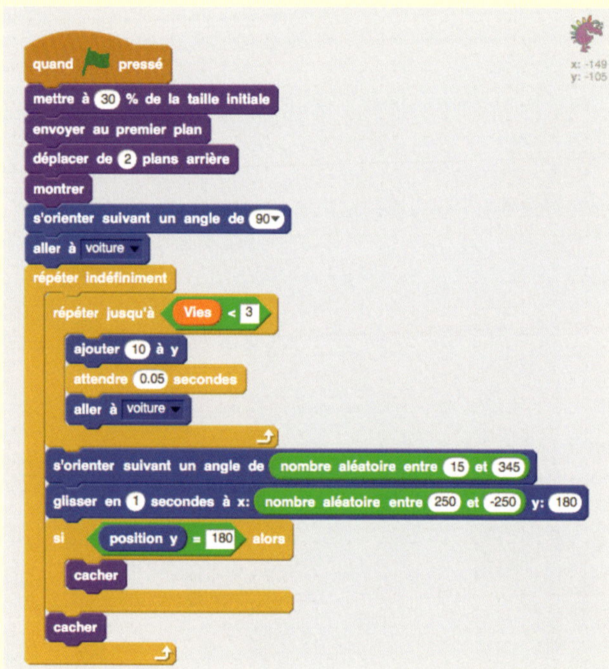

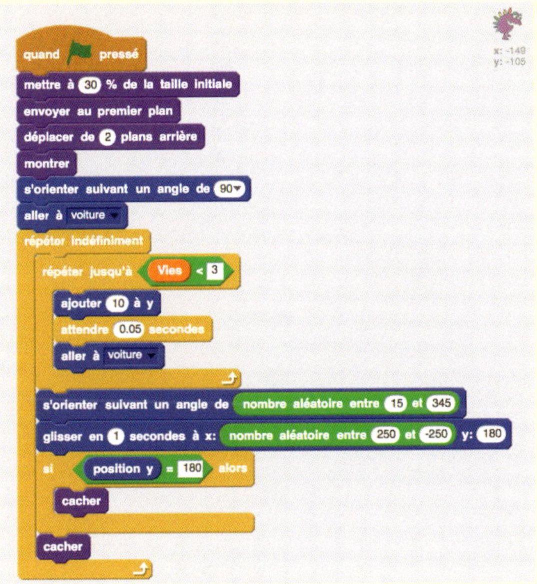

Sélectionne et copie le programme de Gobo en le déposant sur Fabu dans la liste des lutins. Il faut juste changer quelques détails. Le plus important, c'est de modifier le bloc **répéter jusqu'à Vies < 3** pour que Fabu soit éjecté au choc suivant.

Fais la même chose pour Riki en fixant la variable Vies à 2. Comme le lutin de Riki est un peu plus grand que les autres, nous diminuons sa taille à 25 %.

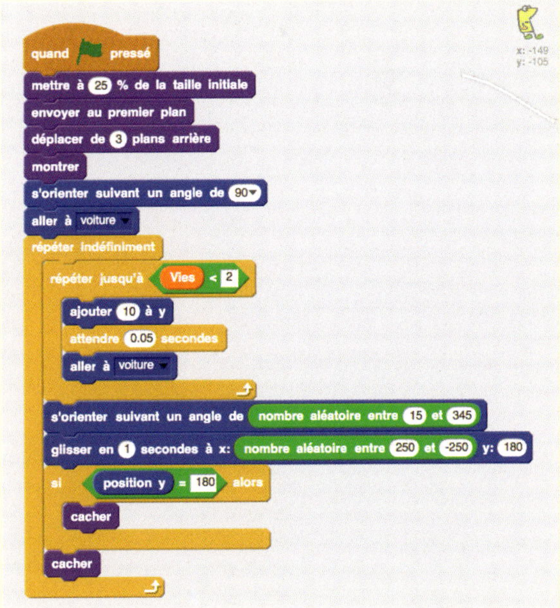

Nous pouvons alors ajouter les programmes pour les obstacles. Regarde d'abord le dangereux et épineux lutin **Buisson** ! Il a deux costumes.

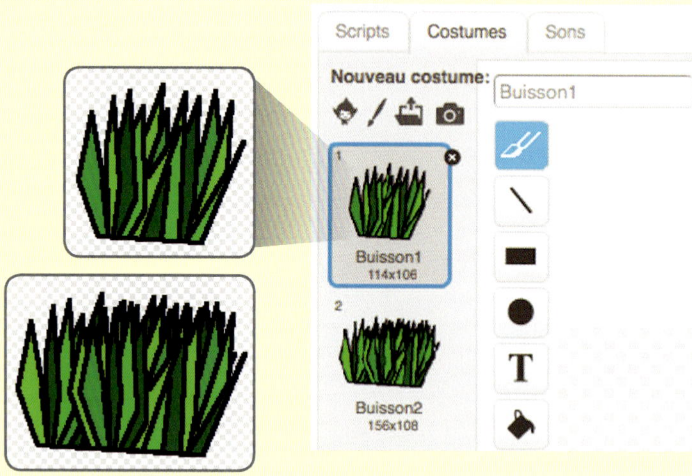

Maintenant, écris ces trois programmes.

Le programme ❶ contrôle quand le buisson apparaît et le déplace avec la route. Lorsqu'il atteint le bord gauche de l'écran, il disparaît et bascule sur son costume suivant.

Le programme ❷ fait perdre une vie à chaque fois que la voiture touche un obstacle (**ajouter à Vies -1**). Remarque : le programme vérifie que le joueur a encore au moins une vie en utilisant les blocs **et** et **non**.

Avec le programme ❸, le buisson disparaît lorsqu'il reçoit le message fin qui indique la fin du jeu.

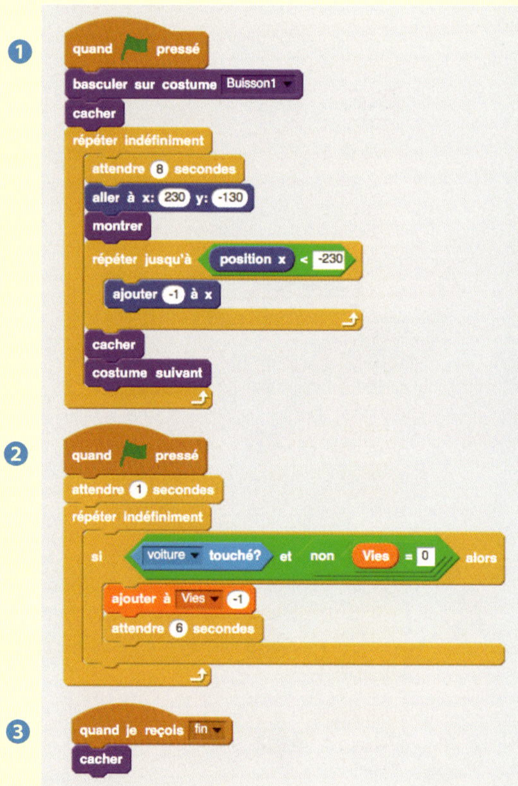

Observe le lutin **Tour** qui possède lui aussi deux costumes. Cet obstacle sera difficile à éviter !

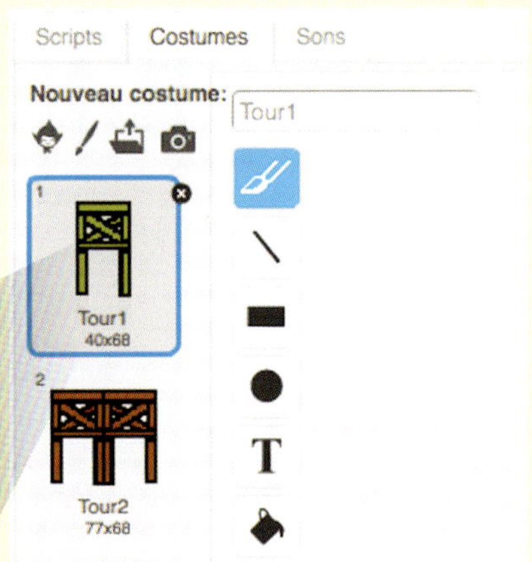

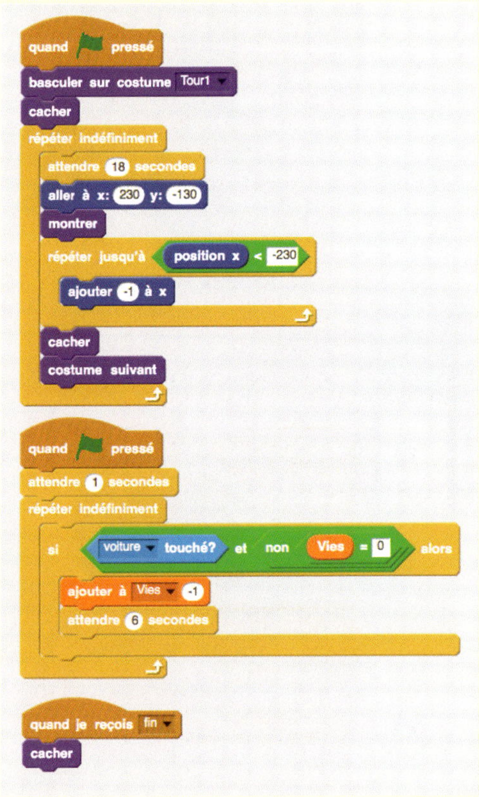

Nous pouvons recopier le programme que nous avons écrit pour les buissons. Modifie le nom du costume et le moment auquel il apparaît et tu es prêt à partir !

Regarde le lutin **Pieuvre**, le serviteur maléfique. C'est un peu ennuyeux qu'il n'ait qu'un seul costume, non ?

Pourquoi ne pas essayer de l'animer ?

Dans Paint, utilise l'outil **Sélectionner** pour prendre un bout de ses tentacules.

Clique sur le bouton **Basculer** pour retourner la sélection, puis glisse-la pour la remettre en place.

Fais la même chose pour tous les autres tentacules. Et voilà : un nouveau costume !

Astuce : modifier des costumes existants est une manière facile d'animer un personnage sans le redessiner. Les outils Sélection et Rotation servent à changer rapidement la position des bras et des jambes d'un lutin.

Les dessins vectoriels sont encore plus faciles à déformer. Ils sont parfaits pour animer des personnages.

Retournons à la programmation ! Le programme ❶ bascule les deux costumes dans une boucle **répéter indéfiniment**. Le programme ❷ cache le lutin lorsqu'il reçoit le message fin.

❶
❷

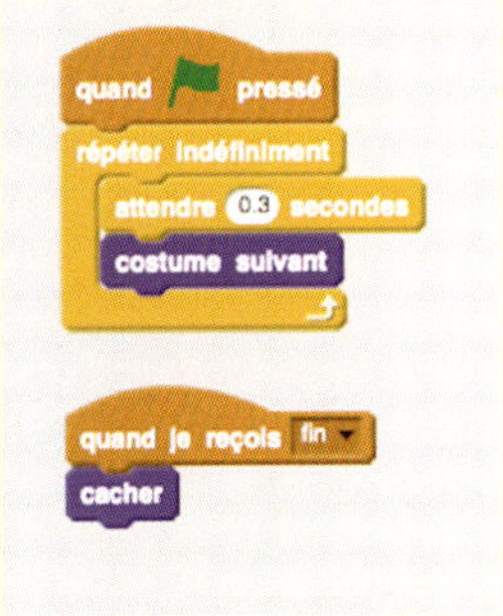

NIVEAU 6

Les programmes ❸ et ❹ contrôlent les déplacements de la pieuvre et en font un obstacle imprévisible pour la voiture de Scratchy.

❸

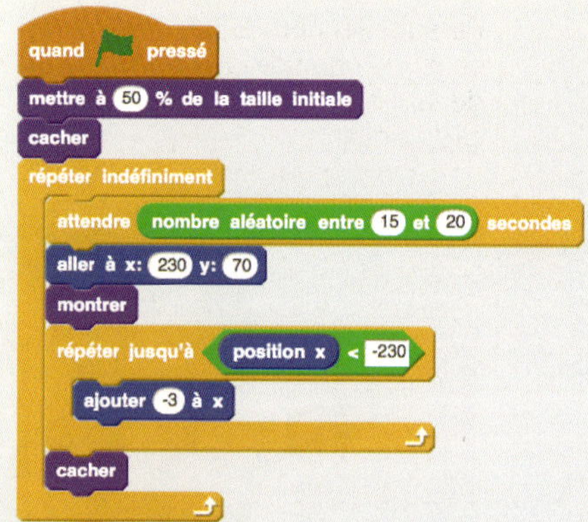

❹

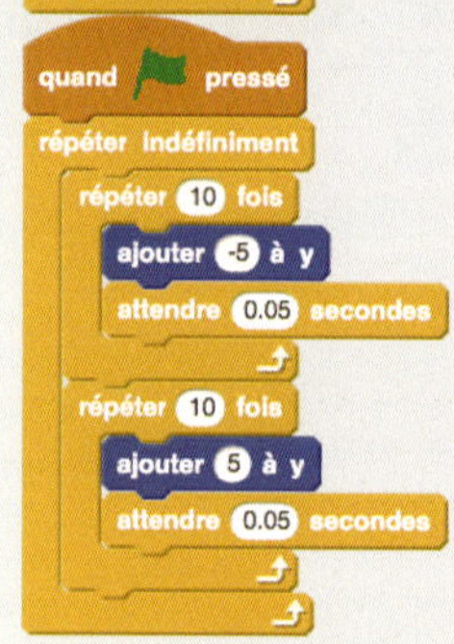

Enfin, le programme ❺ de la pieuvre ajoute la condition qui soustrait des points à la valeur de la variable Vies, comme pour les obstacles Buisson et Tour.

❺

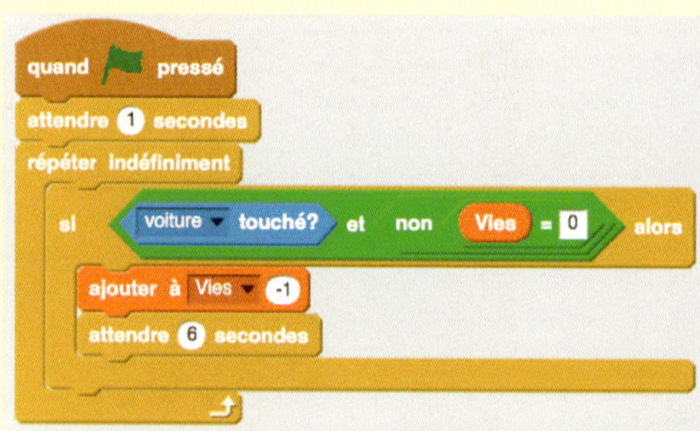

Passons au dernier lutin de ce jeu : la grande pyramide de Gizeh ! Partons de la photo ci-dessous.

En utilisant ce lutin, nous imaginons que Scratchy arrive aux pyramides. J'ai modifié le costume Pyramides pour qu'on voie l'arrière-plan au travers et que le bas soit orange comme la route. À présent, insérons la photo dans notre jeu.

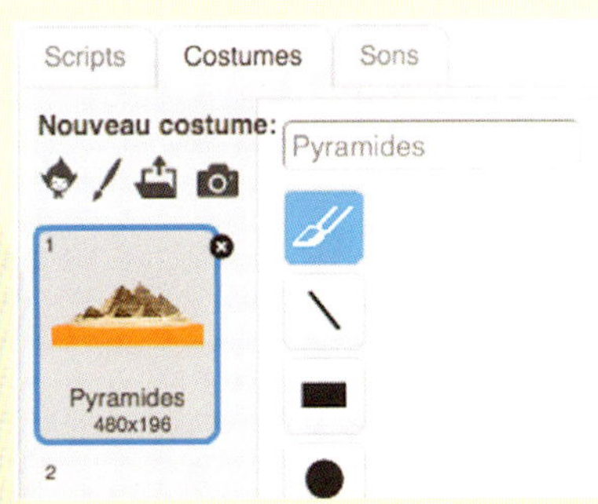

Écris le script pour que la pyramide s'affiche lentement par la droite, 60 s après le début du jeu. Lorsque le lutin atteint le centre de l'écran (**position x = 0**), il envoie le message fin. Lorsque les autres lutins reçoivent ce message, le jeu est fini.

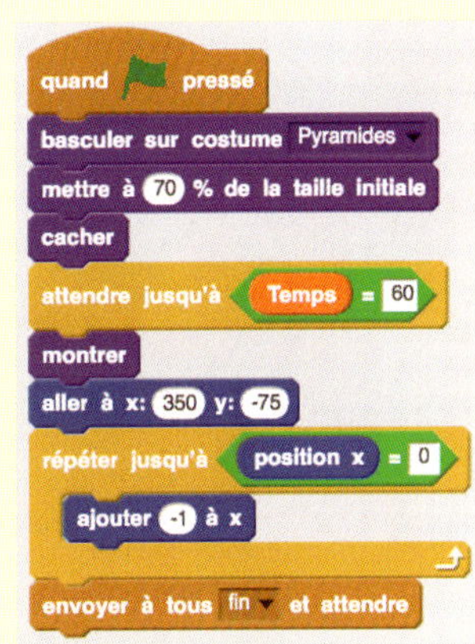

6 NIVEAU

Après avoir enregistré ton fichier, embarque à bord du bolide de Scratchy et conduis à travers le Sahara pour cette folle aventure !

Le défi de Scratchy !

Peux-tu utiliser ce programme pour créer un autre jeu où le fond défile ? À toi de jouer ! Astuce : la hauteur de la scène de Scratch est de 360 pixels. Complique le jeu en augmentant la vitesse de la voiture.

LES TRÉSORS PERDUS DE GIZEH

NIVEAU 7

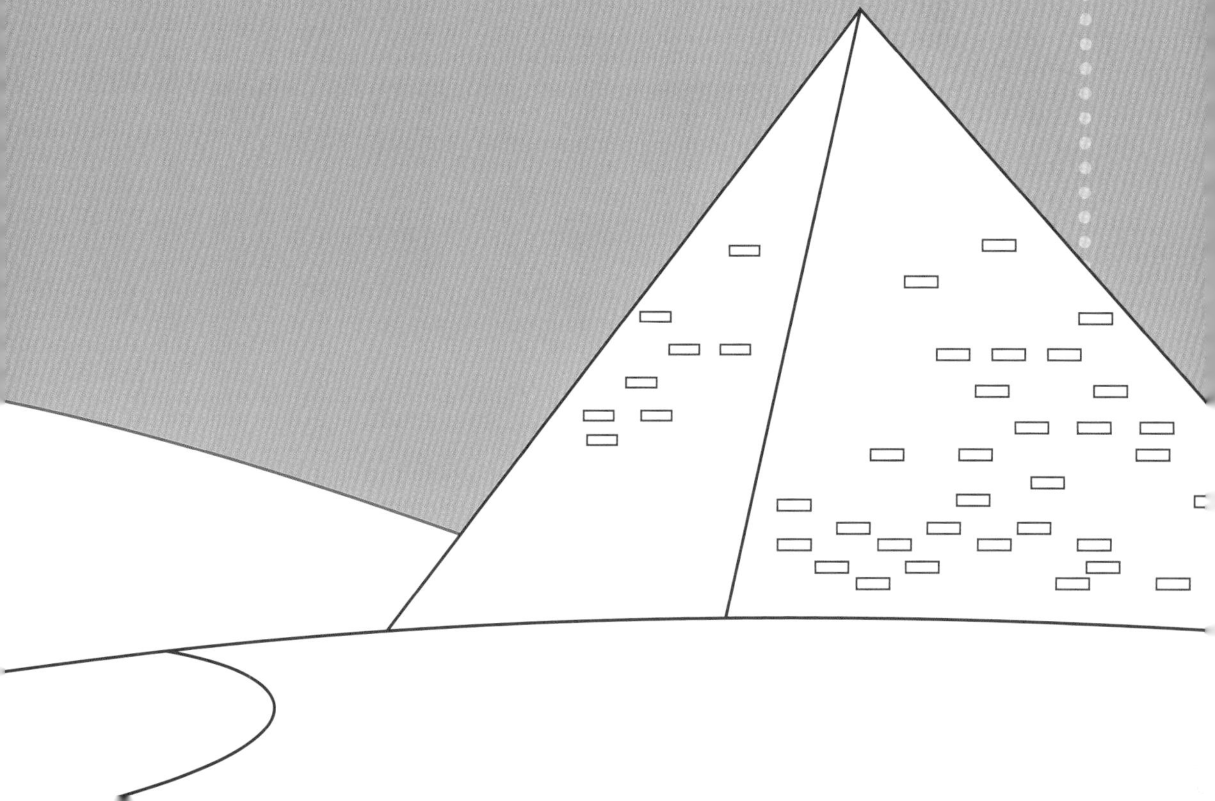

NIVEAU 7

LA GRANDE PYRAMIDE DE GIZEH !
SNIFF, ILS NOUS ONT QUAND MÊME ÉCHAPPÉ.
COMMENT FAIRE SANS LES PROGRAMMES DE MITCH ?
NE BAISSEZ PAS LES BRAS ! IL DOIT Y AVOIR UN MOYEN.
APPRENONS À SCRATCHY COMMENT UTILISER LE MANUEL SECRET !
EN TROUVANT LA PIERRE PRÉCIEUSE, NOUS POURRONS RETROUVER MITCH !
OK, NOUS DEVONS TE DONNER LE POUVOIR !
BZZT BZZT
MERCI ! MAINTENANT, JE SAIS M'EN SERVIR.
FAIS ATTENTION, IL Y A BEAUCOUP DE PIÈGES ICI.
SURTOUT, N'ABANDONNE PAS !
MOI QUI PENSAIS QUE LES ÉGYPTIENS AIMAIENT LES CHATS.

ÉCHAPPE-TOI DU LABYRINTHE !

NIVEAU 7

Résumé

Apprends à créer un labyrinthe interactif avec un gardien, des pièges et un trésor.

Le jeu

Guide Scratchy à travers le labyrinthe jusqu'à la pièce du trésor pour récupérer le joyau magique. Lorsqu'il le saisira, de nouveaux pièges se déclencheront auxquels il devra échapper.

Pour ce jeu, commence par ouvrir le fichier ***07 - Labyrinthe.sb2*** (Fichier ▸ Importer depuis votre ordinateur). Il contient toutes les images dont tu as besoin, mais sans les programmes pour les lutins.

Observe la scène. Tu vois que tous les murs de notre labyrinthe ont des bords orange. Nous allons utiliser cette couleur comme une limite, pour empêcher Scratchy de traverser les murs.

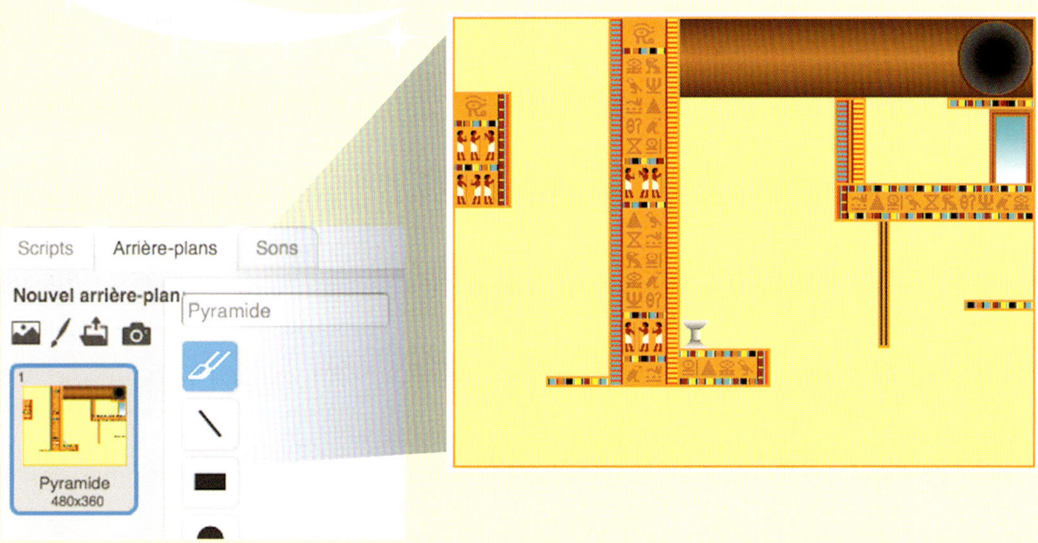

Dans la liste des lutins, clique sur **Indy-Cat**, puis sur l'onglet **Sons**. Ajoute un effet sonore. Tu peux enregistrer ton propre «miaou!» ou utiliser le son **Chat**. Nous allons écrire un programme pour que Scratchy miaule à chaque fois qu'il se cogne contre un ennemi ou un piège.

Commençons par réfléchir au début du jeu et aux conditions pour gagner et le terminer.

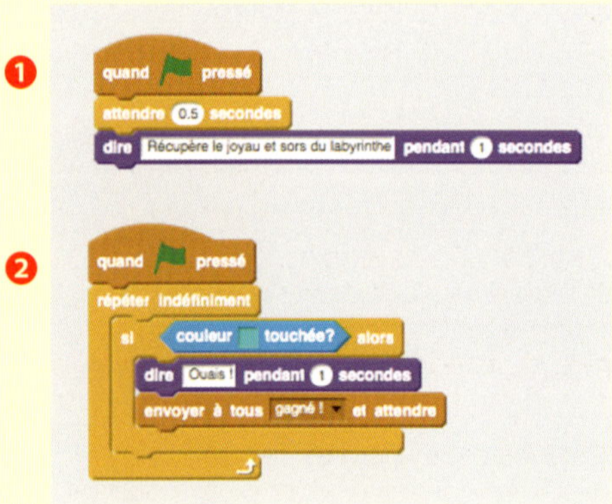

Le programme ❶ donne les instructions au joueur via le bloc **dire**. Lorsque le jeu commence, le joueur sait qu'il doit aller chercher le joyau magique pour gagner.

Pour finir le jeu, Scratchy doit bien sûr sortir du labyrinthe avec le joyau. Maintenant, écris le programme qui gère la fin du jeu. Le programme ❷ utilise un bloc spécial à l'intérieur d'une boucle **répéter indéfiniment si**. Si Scratchy touche la couleur bleue, c'est-à-dire la couleur du ciel à travers la porte de sortie, il dit «Ouais!» et envoie le message gagné! qui termine le jeu. Comme le labyrinthe lui-même ne contient pas la couleur bleue, il n'y a aucune chance que le jeu se termine par erreur.

Pour écrire le programme ❷, glisse le bloc de commande **couleur touchée?** de la palette capteur dans le bloc **si**. Lorsque tu cliques sur le carré de couleur à l'intérieur du bloc, une Pipette apparaît. Clique sur le bleu de la porte et c'est bon! Nous réutiliserons le bloc **couleur touchée?** un peu plus tard.

Maintenant, observe le programme ❸. Il n'est pas aussi compliqué qu'il en a l'air. Arrives-tu à comprendre ce qu'il fait juste en le lisant ?

Tout d'abord, tu dois définir la direction et la position de Scratchy. Mais à quoi sert la grande boucle **répéter indéfiniment** ? Elle contient tout le reste du programme : c'est là qu'on va programmer les mouvements de Scratchy. Tu vois tout d'abord que si on appuie sur la touche flèche haut, une commande indique d'**ajouter 3 à y**. Mais après, à l'intérieur de la boucle **si**, il y a une seconde boucle **si** !

L'ordinateur indique qu'il faut **ajouter -3 à y** si Scratchy touche la couleur orange. Qu'est-ce que cela signifie ? Tu as remarqué que les murs du labyrinthe sont tous orange ; donc, si Scratchy s'y cogne, il doit être arrêté. Et 3 + -3 = 0. Ainsi, lorsque Scratchy touche le mur orange, il ne change pas de position et ne peut alors pas avancer.

Les boucles **si** pour les mouvements vers le bas, la gauche et la droite sont similaires, avec une seconde boucle **si** identique. Veille à bien sélectionner la couleur orange avec la Pipette pour chaque bloc **si couleur touchée ?**.

Scratchy ne peut plus traverser les murs ou les portes du labyrinthe. Remarque que les bords de la scène sont également constitués d'une fine bande orange : impossible pour lui de s'y échapper. Il est donc coincé dans le labyrinthe, comme on le désire.

❸

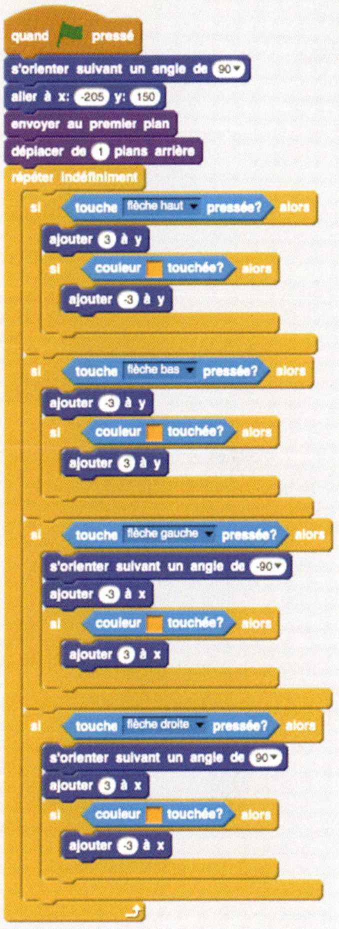

Enfin, pour le programme ❹, nous allons utiliser les blocs **répéter indéfiniment** et **ou** pour programmer ce qui doit arriver lorsque Scratchy rencontre un ennemi ou un piège. Une bulle de texte « Oh ! » apparaît, le son Chat est joué et Scratchy retourne à son point de départ.

Astuce : le second bloc de texte est vide ce qui permet de supprimer la bulle « Oh ! ».

❹

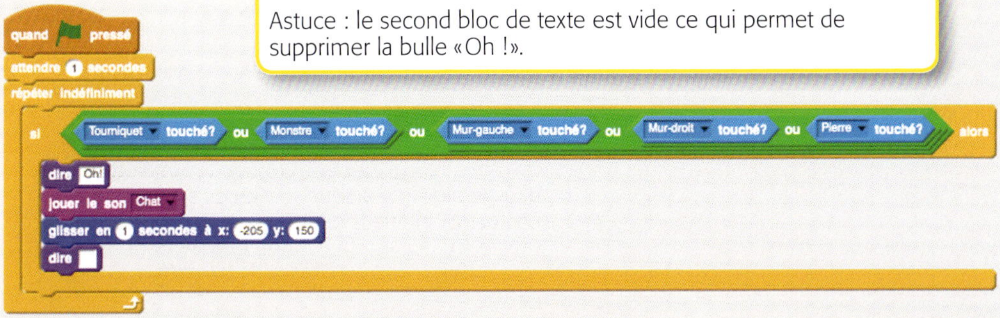

C'est le bon moment pour vérifier que le programme fonctionne. Clique sur 🏁, et assure-toi que Scratchy se déplace de haut en bas et de gauche à droite. Essaie de lui faire traverser les murs du labyrinthe. Est-ce qu'il s'arrête bien lorsqu'il touche un mur, quelle que soit sa direction ? Si ce n'est pas le cas, revérifie ton programme – souviens-toi que lorsque Scratchy touche un mur orange, son mouvement doit être au total de 0. Vérifie aussi que lorsqu'il touche un obstacle ou un ennemi, il retourne bien à sa position initiale.

Clique sur le lutin **Monstre**, un des Serviteurs noirs qui gardent la pyramide. Écris le programme qui définit sa taille et sa position de départ, et lui fait faire des allers-retours dans le labyrinthe.

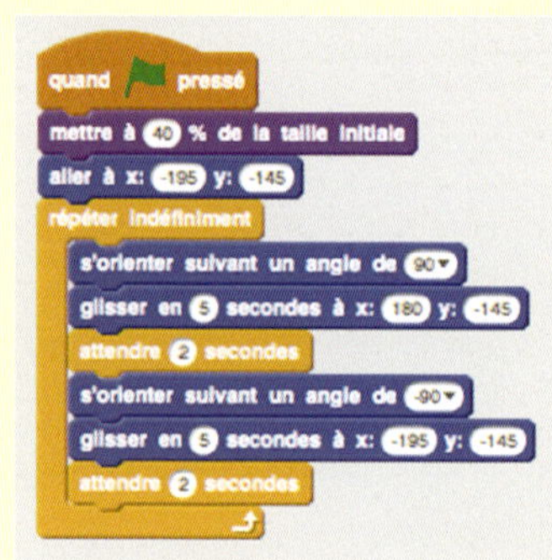

Clique sur le lutin **Tourniquet** et écris le programme qui le déplace en utilisant le bloc **tourner**.
Le lutin ne bouge pas dans le labyrinthe ; il suffit juste de lui donner une position.

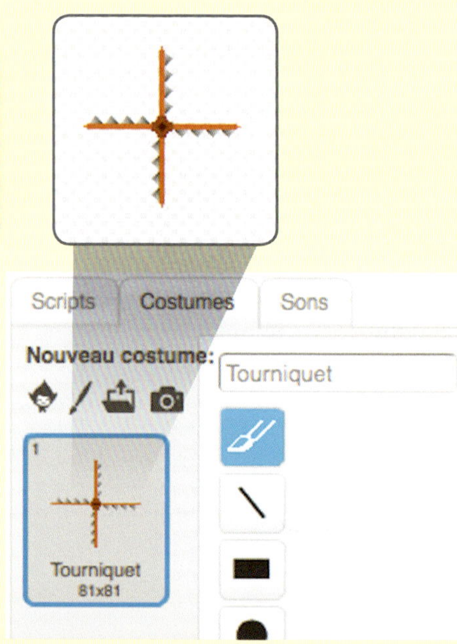

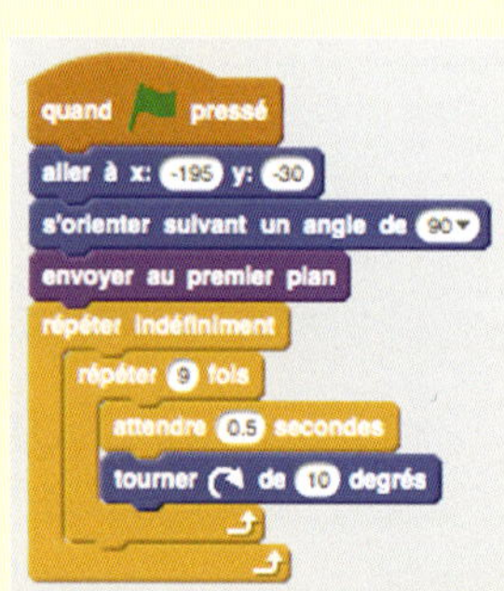

Regarde les lutins **Verrou** et **Clé** qui sont entourés en bleu sur l'image ci-dessous. Scratchy doit d'abord prendre la clé pour ouvrir le verrou. Écrivons les programmes pour ces lutins.

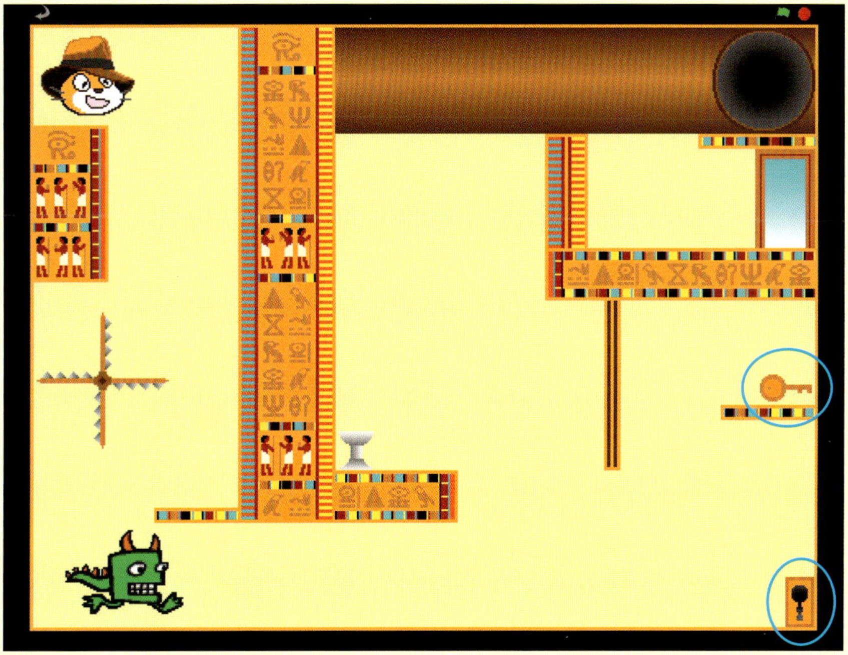

Tout d'abord, clique sur le lutin **Verrou** pour lui ajouter un programme tout simple qui définit seulement sa position dans le labyrinthe. Le programme qui ouvre réellement la porte est associé au lutin **Clé**.

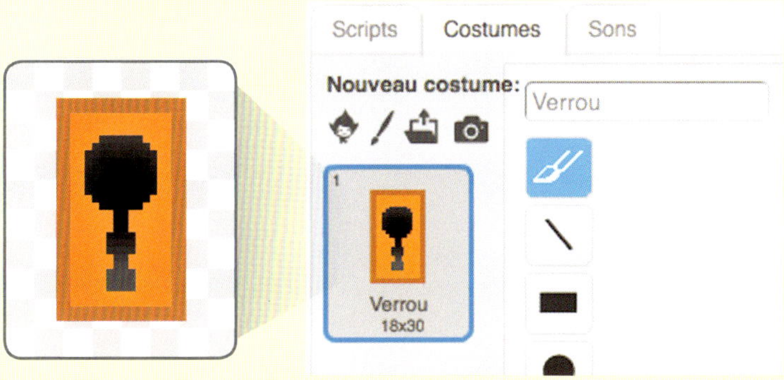

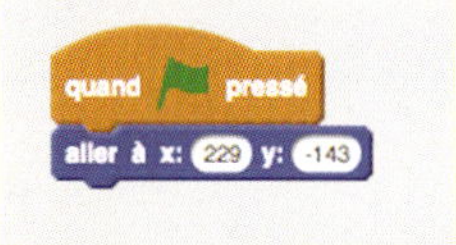

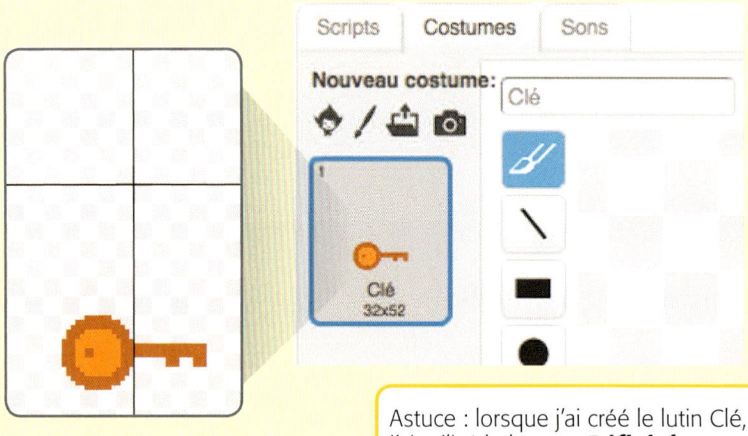

Astuce : lorsque j'ai créé le lutin Clé, j'ai utilisé le bouton **Définir le centre du costume** dans Paint pour être sûr que les lutins Scratchy et Clé ne se chevauchent pas.

Clique sur le lutin **Clé** dans la liste et écoute le son associé dans l'onglet **Sons**. Puis clique sur l'onglet **Scripts** pour écrire son programme. Lorsque Scratchy prend la clé, on doit entendre le son et, ensuite, la clé suit Scratchy grâce au bloc **aller à**. Lorsque la clé touche le verrou, le message porte ouverte est envoyé.

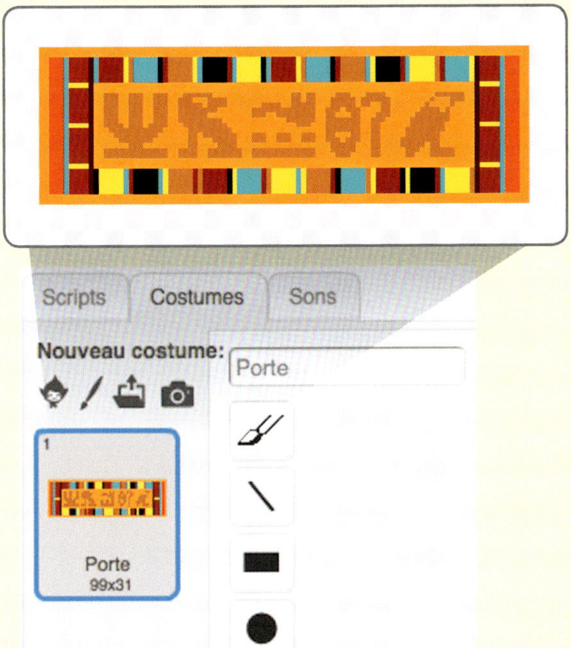

Maintenant, écris le programme pour le lutin **Porte**. Il a une bordure orange comme le labyrinthe, Scratchy ne peut donc pas entrer dans la salle du trésor, à moins que la porte ne se déplace !

Clique sur le lutin **Porte** dans la liste, puis écoute le son **Porte Ouverte**, que tu trouves en cliquant sur l'onglet **Sons**.

Écrivons les programmes. Le programme ❶ sert juste à définir la position de la porte. Le programme ❷ glisse la porte hors du passage lorsque le message porte ouverte est reçu. Le programme ❸ joue le son.

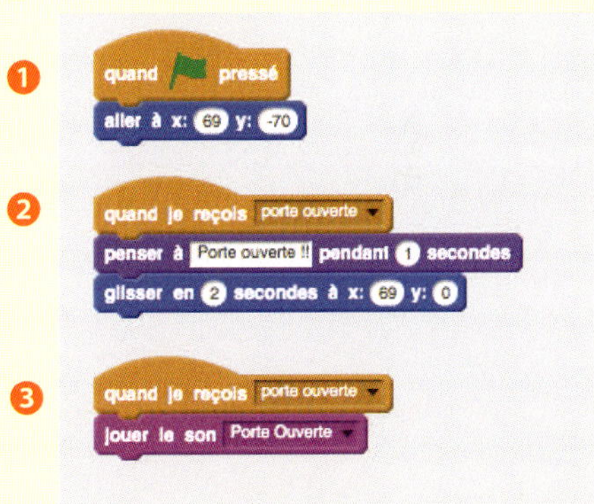

Si tu n'as pas encore testé le jeu, essaie maintenant en cliquant sur le drapeau vert. Es-tu capable de faire entrer Scratchy dans la salle du trésor ?

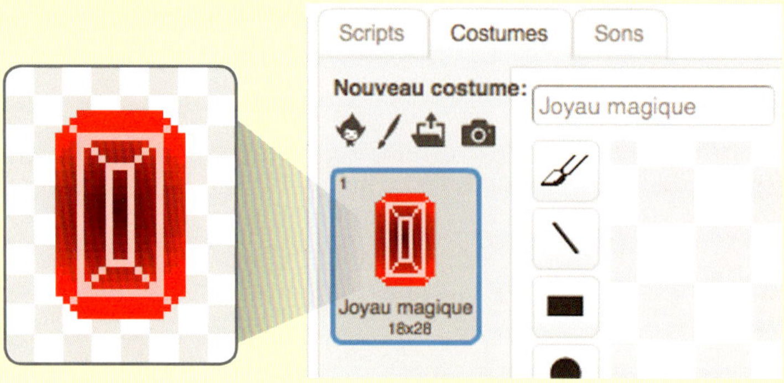

Maintenant, programme le lutin **Joyau magique** et utilise le son Poussière de fée dans l'onglet **Sons**.

Glisse le lutin du joyau pour le placer sur son support sur la scène, si ce n'est pas déjà le cas.

❶ ❷

Écris 2 programmes pour le joyau. Le programme ❶ change sa couleur. Le programme ❷ définit sa position, puis utilise le bloc **attendre jusqu'à** pour déterminer ce qui doit arriver quand Scratchy le prend. Lorsqu'il touche le joyau, le message pierre est envoyé, qui déclenche les pièges ultimes du labyrinthe.

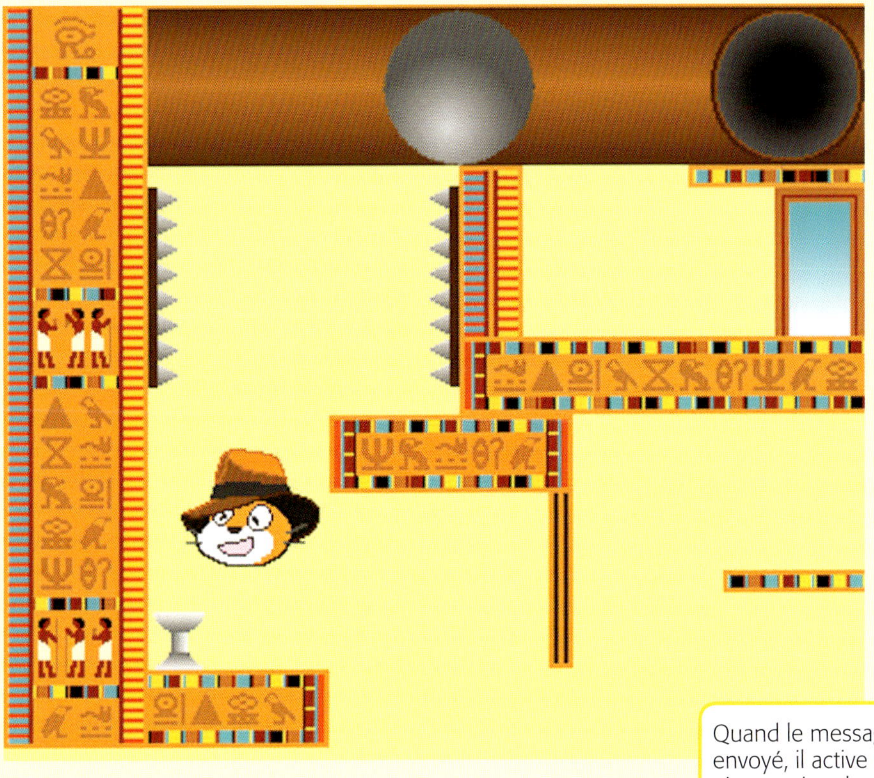

Quand le message pierre est envoyé, il active le piège de la pierre qui roule et celui du mur avec les pointes.

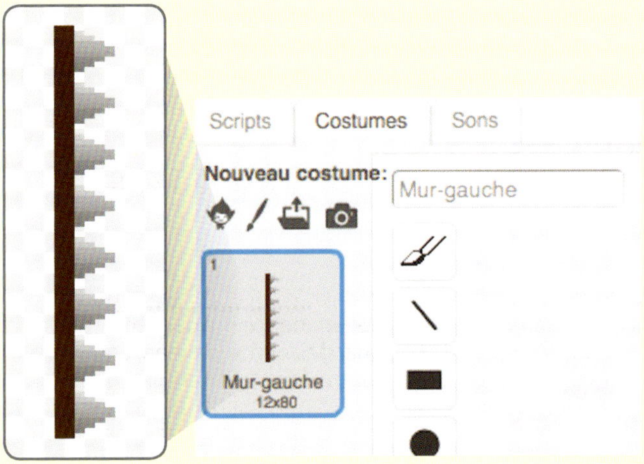

En fait, ce second piège est réalisé avec deux lutins différents. **Mur-gauche** (la partie gauche du piège) a seulement besoin d'un programme pour définir sa position.

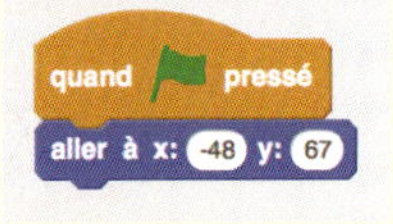

La partie droite a son propre lutin appelé **Mur-droit**. Crée ces 2 programmes pour définir sa position et le faire bouger. Le mur attend le message pierre, puis commence à effectuer des allers-retours très dangereux.

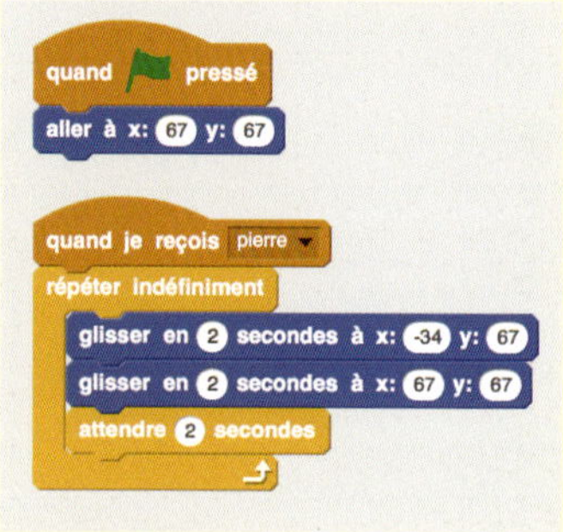

Le lutin **Pierre** est un énorme bloc rocheux qui attend dans le passage. J'ai utilisé des ombres pour lui donner un aspect 3D.

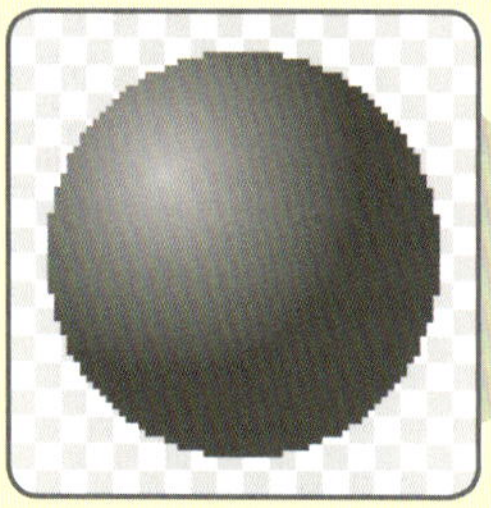

1

2

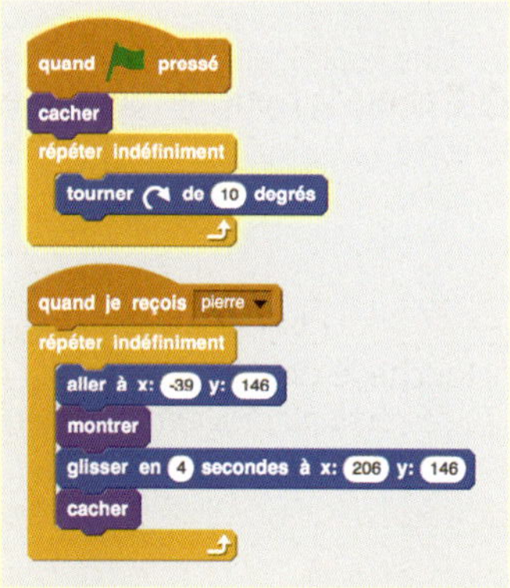

Le programme 1 fait rouler la pierre en tournant le lutin. Le programme 2 contrôle son déplacement : elle roule le long du passage, puis réapparaît à son point de départ grâce à une boucle **répéter indéfiniment**.

Pour finir, tu utilises le lutin **Gagné** pour l'écran qui apparaît lorsqu'on réussit.

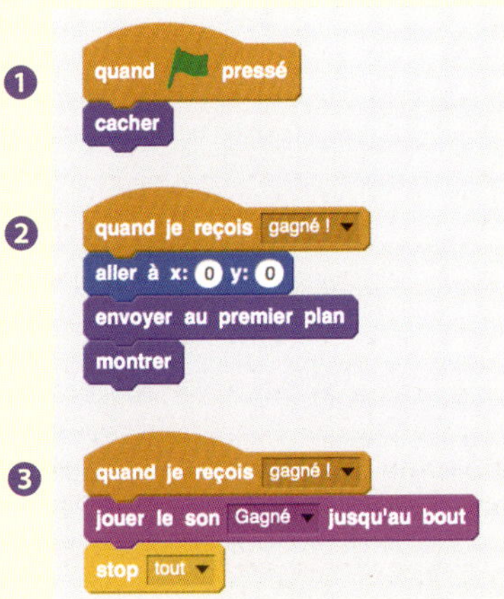

Écris ces trois petits programmes. Le programme ❶ cache le lutin et le ❷ ne l'affiche que lorsqu'il reçoit le message gagné !. Le programme ❸ joue le son de l'onglet **Sons**.

Astuce : dans le programme ❸, la commande **stop tout** arrête la pierre, le monstre et tous les autres lutins.

Tu te demandes peut-être d'où provient le message gagné !. C'est Scratchy qui l'envoie lorsqu'il touche le ciel bleu à travers la porte de sortie. Tu l'as écrit au programme ❷ à la page 108. C'est donc terminé!

7 NIVEAU

Enregistre ton projet pour ne pas perdre ton travail. Maintenant, aide Scratchy à récupérer le joyau magique et à s'échapper de ce dangereux labyrinthe.

Le défi de Scratchy !

En diminuant la taille des lutins, crée un labyrinthe encore plus compliqué avec plus de pièges. Tu peux aussi ajouter un deuxième joueur et faire la course jusqu'à la sortie. À toi de jouer !

LA COURSE DU SORCIER

8 NIVEAU

NIVEAU

8

J'AI LE JOYAU MAGIQUE !
QUI A PENSÉ CE LABYRINTHE DE FOU ?!
ENCORE DES MONSTRES ! COURS !
OUF, JE L'AI, LES GARS !
PORTAIL MAGIQUE
WAOUH, OÙ SOMMES-NOUS ?
LE JOYAU NOUS A EMMENÉS AU PAYS DE LA MAGIE.
RATA? POURQUOI NOUS AIDES-TU ?
NE PENSE PAS À ÇA. UTILISE CE BALAI POUR VOLER JUSQU'AU SECOND JOYAU AVANT QUE LE SORCIER NOIR LE PRENNE.
MAIS C'EST UN VIEUX MODÈLE ! TU DEVRAS DONC AGITER TA BAGUETTE POUR ALLER VITE.
MIAOU! MERCI DU TUYAU !

LE DÉFI DU SORCIER

NIVEAU 8

Résumé

Apprends à changer l'arrière-plan, à jouer de la musique avec Scratch et à créer d'autres animations.

Le jeu

Ce jeu est simple. Il suffit d'appuyer alternativement et rapidement sur 2 touches pour que Scratchy vole. Il doit parcourir les trois niveaux en moins de 15 s pour récupérer le second joyau magique.

Ouvre le projet ***08 - Defi du sorcier.sb2*** (Fichier ▸ Importer depuis votre ordinateur). Il y a tous les lutins dont tu as besoin, mais pas encore les programmes. Tu pourras personnaliser son aspect plus tard. Pour l'instant, concentrons-nous sur les programmes.

Tout d'abord, observe la scène. Elle a trois arrière-plans. Chacun correspond à un niveau pour la course sur balai de Scratchy.

8 NIVEAU

Écris le programme ❶ pour définir le premier arrière-plan de la scène. Le programme ❷ change d'arrière-plan lorsqu'il reçoit le message niveau suivant.

Astuce : choisis **nouveau message…** dans le menu déroulant du bloc **quand je reçois** pour créer le message niveau suivant.

❶ ❷

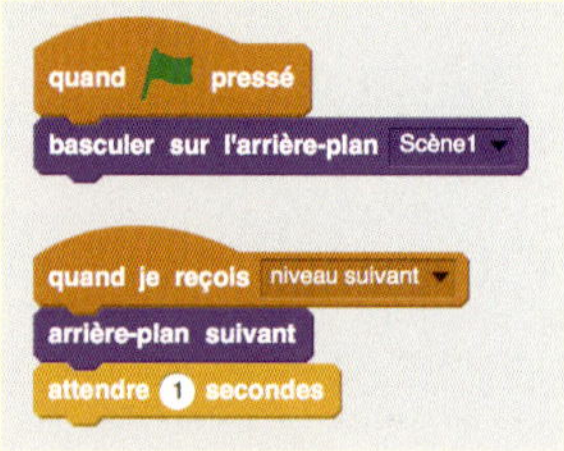

Crée la variable NIVEAU, puis écris les programmes ❸ et ❹. Le programme ❸ permet de toujours commencer le jeu au niveau 1. Le programme ❹ attend le message niveau suivant envoyé par le programme ❹ de la page 124 et ajoute 1 à la variable NIVEAU.

❸ ❹

❺ ❻

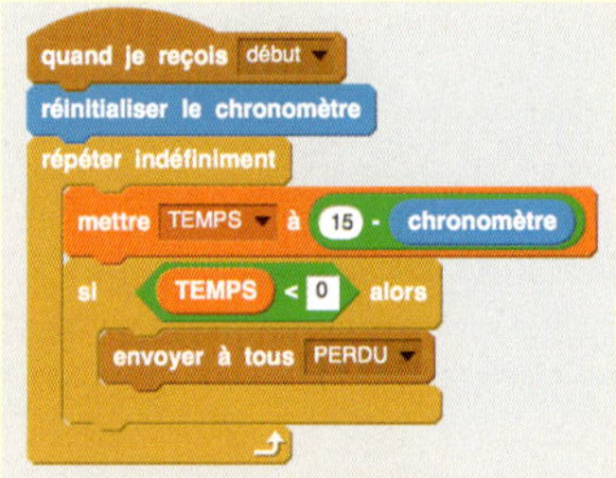

Crée une seconde variable, appelée TEMPS, puis écris le programme ❺, qui te laisse 15 s pour finir la course. Le programme ❻ envoie le message PERDU lorsque le temps est dépassé.

Ce programme contient plusieurs astuces. Tu dois créer un nouveau message début dans le bloc **quand je reçois**. Le script se sert également du chronomètre intégré à Scratch (la variable chronomètre) et de plusieurs commandes spéciales des palettes **Opérateurs**, **Événements, Capteurs** et **Données**. Tu dois utiliser la commande **réinitialiser le chronomètre**, car le chronomètre de Scratch démarre aussitôt que tu ouvres le projet. Elle permet également de recommencer le jeu après avoir perdu.

Maintenant, nous allons programmer le lutin de Scratchy le sorcier, qui se nomme **Harry-Catter** et possède deux costumes. Nous allons lui associer deux sons présents dans l'onglet **Sons.**

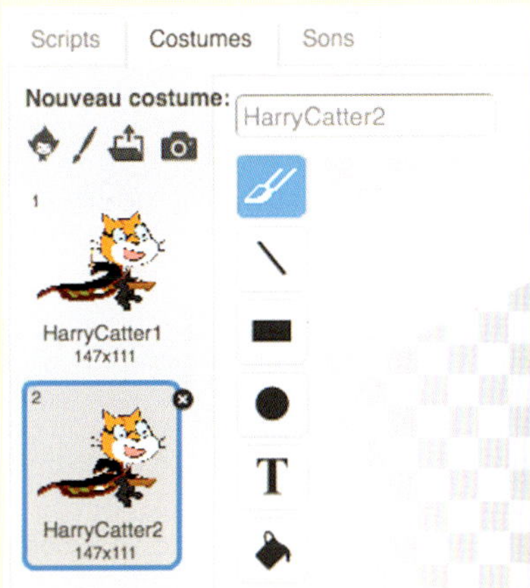

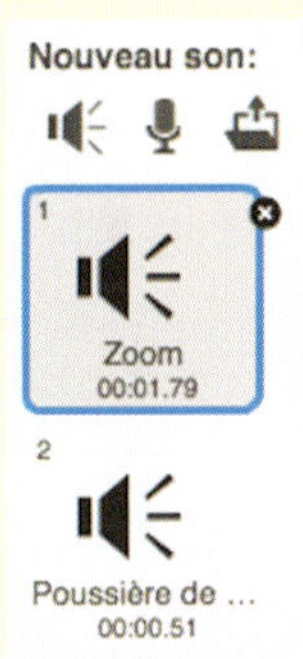

Écris le programme ❶ pour définir son costume et sa position au début du jeu. Le programme ❷ le fait flotter de haut en bas.

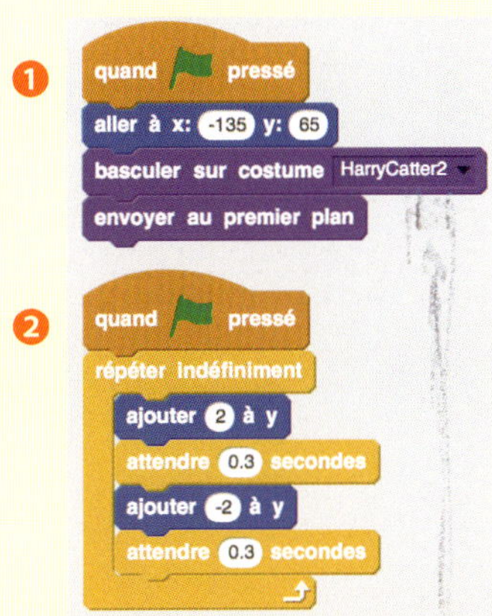

NIVEAU 8

Le programme 3 contrôle les mouvements de Scratchy. Pour le déplacer, le joueur doit appuyer sur les flèches gauche et droite, l'une après l'autre.

3

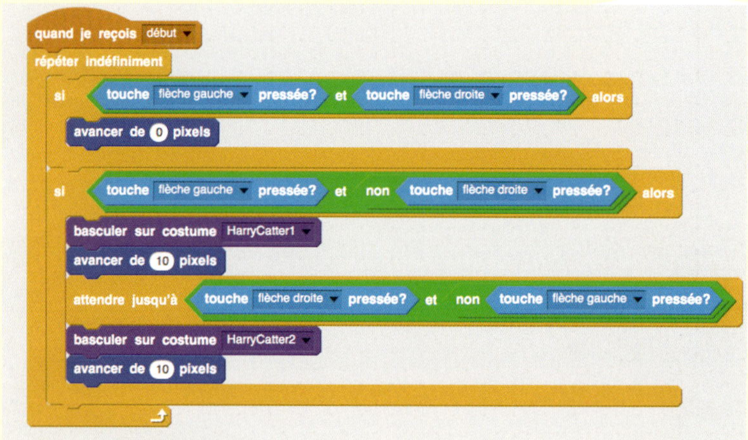

Comprends-tu comment ce programme fonctionne? Le joueur commence avec la flèche gauche ou droite. Le bloc **non** empêche qu'il ne «triche» en appuyant en même temps sur les deux flèches.

4

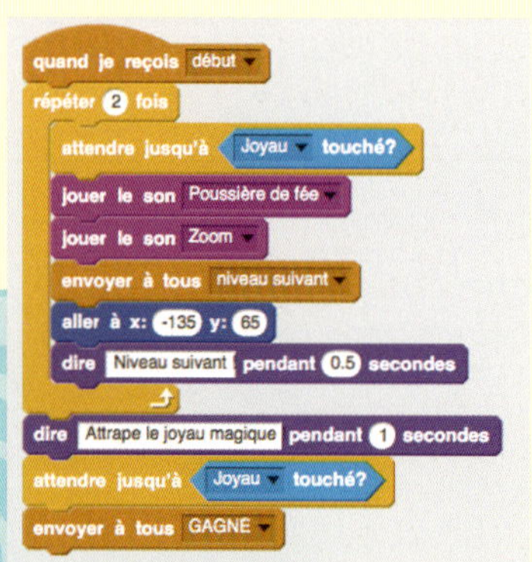

Écris enfin le programme 4 afin d'émettre un son lorsque Scratchy atteint le lutin **Joyau**, d'envoyer le message niveau suivant et que le chat dise «Niveau suivant!». Souviens-toi que ce message modifie l'arrière-plan de la scène.

Après être passé deux fois dans cette boucle, le joueur arrive au niveau 3. Scratchy dit alors «Attrape le joyau magique!» et envoie le message GAGNÉ s'il atteint le lutin **Joyau** à temps.

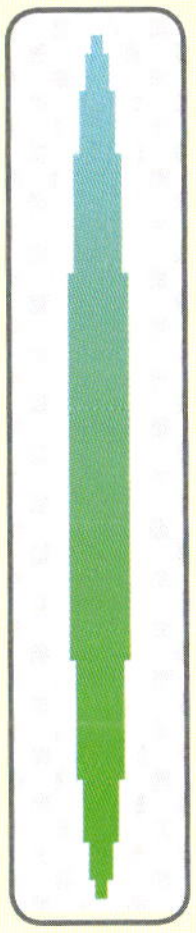

Maintenant, regarde les costumes pour le lutin **Joyau** ; il est à la fois le joyau magique et la porte magique. Il apparaît à gauche de la scène.

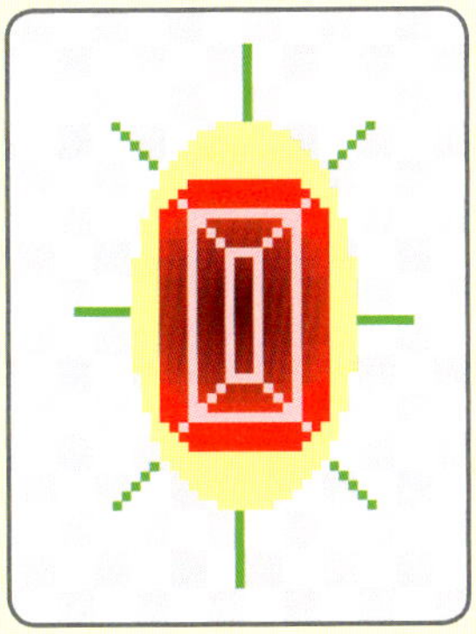

8 NIVEAU

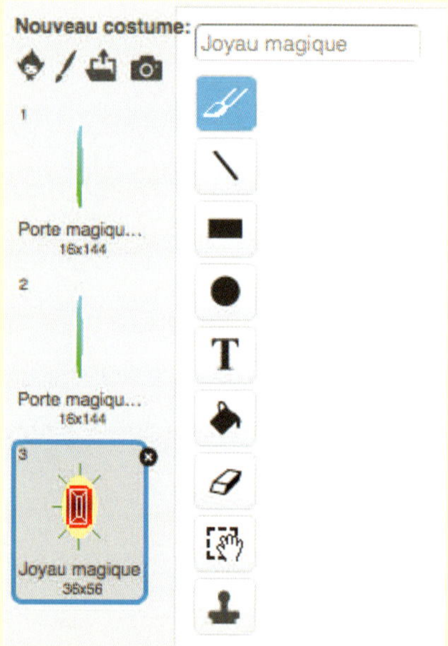

Voici les costumes pour ce lutin. Il en changera à chaque niveau, le joyau étant le but à atteindre pour Scratchy au troisième niveau : deux costumes pour la porte magique et un pour le joyau magique, vu qu'il y a trois niveaux.

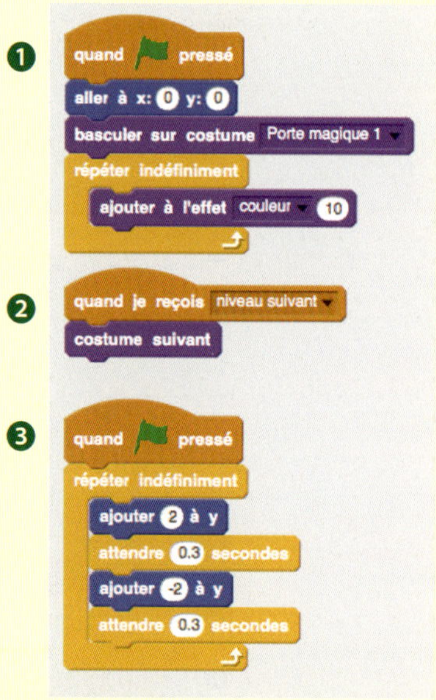

Le programme ❶ définit la position du lutin, son premier costume et crée une animation avec le bloc **ajouter à l'effet couleur**. Le programme ❷ change le costume à chaque fois qu'il reçoit le message niveau suivant. Le programme ❸ fait flotter le lutin de haut en bas.

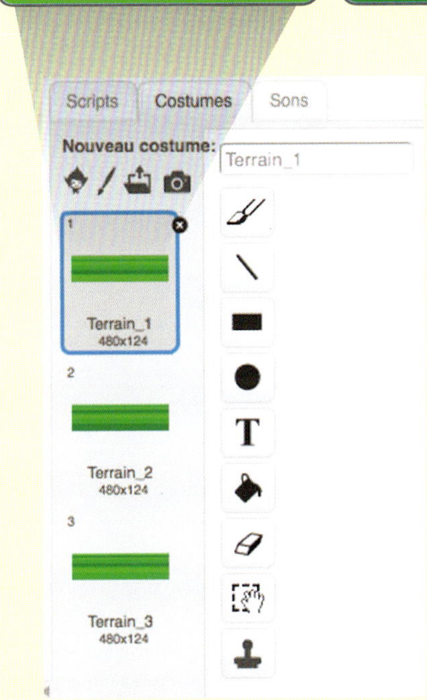

Nous allons maintenant ajouter des effets visuels magiques. Le lutin appelé **Terrain** possède trois costumes.

Écris le programme 1 pour changer continuellement les costumes du lutin **Terrain** et définir sa position au début du jeu. Cela produit un effet d'animation du sol. Le programme 2 change comme par magie les couleurs du sol.

1

2

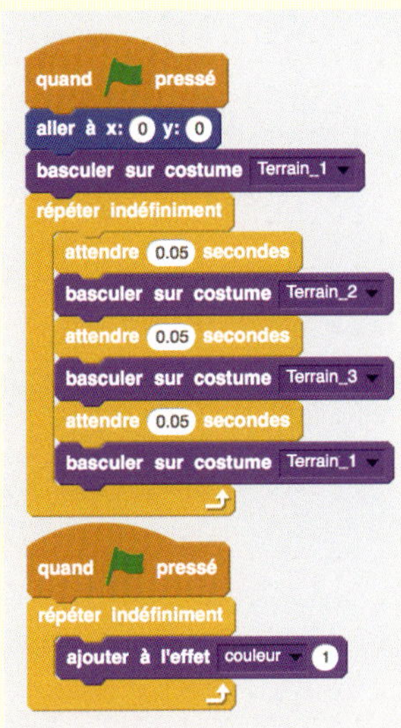

8 NIVEAU

Il est temps de nous intéresser aux textes du jeu. Le lutin **Textes** contient plein d'instructions pour le joueur. Nous allons utiliser les costumes Compte_à_rebours_3, Compte_à_rebours_2, Compte_à_rebours_1 et Départ pour créer un compte à rebours avant le départ de la course.

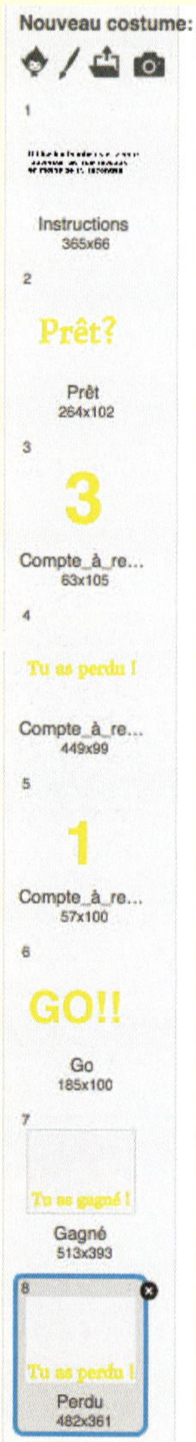

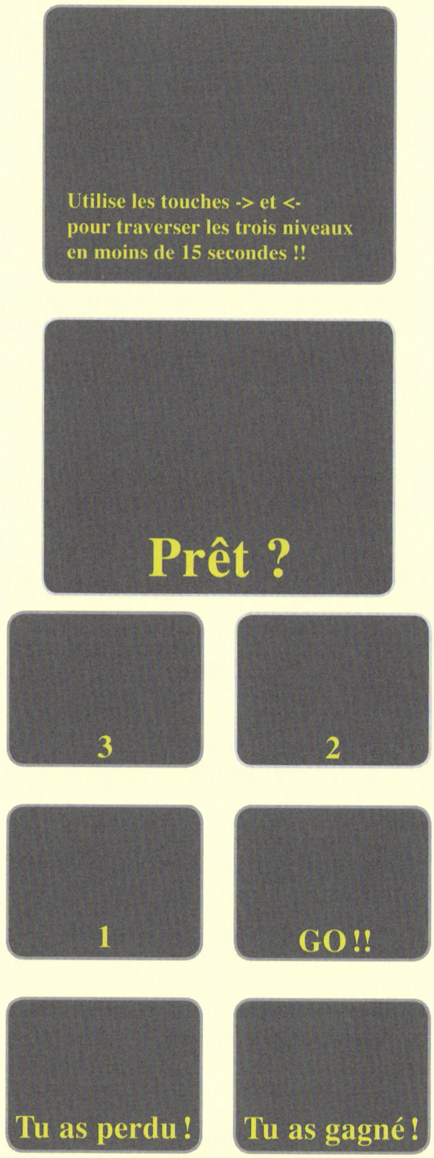

Le lutin **Textes** a trois sons. Tu peux ajouter les tiens dans l'onglet **Sons**.

Écris le programme ❶ pour définir l'ordre des costumes. Utilise les blocs **jouer la note** et **jouer le son** pour ajouter des sons au jeu.

❶

Voici enfin le moment où le programme envoie le message début. Souviens-toi que c'est celui que la scène et Scratchy attendent !

❷

❸

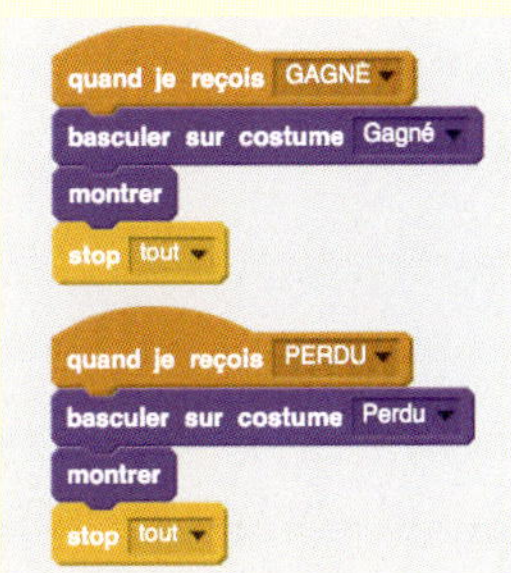

Pour finir, écris les programmes ❷ et ❸ qui affichent les écrans « Tu as gagné ! » ou « Tu as perdu ! » selon que le lutin **Textes** reçoit le message GAGNÉ ou PERDU. Ça y est, le jeu est terminé !

8 NIVEAU

Enregistre ton projet et prépare-toi pour la course ! Clique sur le drapeau vert, place tes doigts sur les touches et prépare-toi à battre un record de vitesse.

Le défi de Scratchy !

Peux-tu modifier ce jeu pour qu'il y ait deux joueurs ? Et que penses-tu d'un concours à deux qui déterminera qui mange le plus de pastèques ? À toi de jouer !

NIVEAU 9

COMBAT FINAL DANS UN TROU NOIR

NIVEAU 9

MIAOU ! J'AI LE SECOND JOYAU MAGIQUE !
COMMENT OSES-TU ME DÉFIER ? DONNE-MOI CES JOYAUX !
JE CROIS QUE JE VAIS PLUTÔT LES GARDER...
NOOON !!
AH AH AH ! BIENVENUE DANS MON ROYAUME OBSCUR !
NE RÉSISTE PAS ! TON AMI EST EN MON POUVOIR !
GARDE LES JOYAUX !
POW !
SCRATCHY, UTILISE LE MANUEL !
BANG !
SORCIER NOIR, N'ARRÊTERAS-TU JAMAIS ?
NOUS AVONS LE TEMPS DE LIBÉRER SES POUVOIRS !
RATA ! JE VAIS TE DÉTRUIRE, TRAÎTRE !
ATTAQUE-TOI À QUELQU'UN DE TA TAILLE !

LE COMBAT FINAL

NIVEAU 9

Résumé

Apprends à réaliser un jeu de combat en créant deux personnages avec des mouvements spécifiques et des compteurs de points de vie. Pour animer les trois types d'attaques de Scratchy, tu utiliseras une astuce en basculant entre quatre lutins différents.

Le jeu

Prends le contrôle de Scratchy pour le combat final avec le Sorcier noir. Utilise et combine les trois attaques de Scratchy pour le battre.

Voici un aperçu de ce dernier jeu. Tu devras éviter les dangereuses boules de feu du Sorcier noir et contre-attaquer.

Ce lutin représente la barre de santé du Sorcier noir.

Ce lutin représente la barre de santé de Scratchy.

L'ordinateur contrôle le Sorcier noir.

Le joueur contrôle Scratchy.

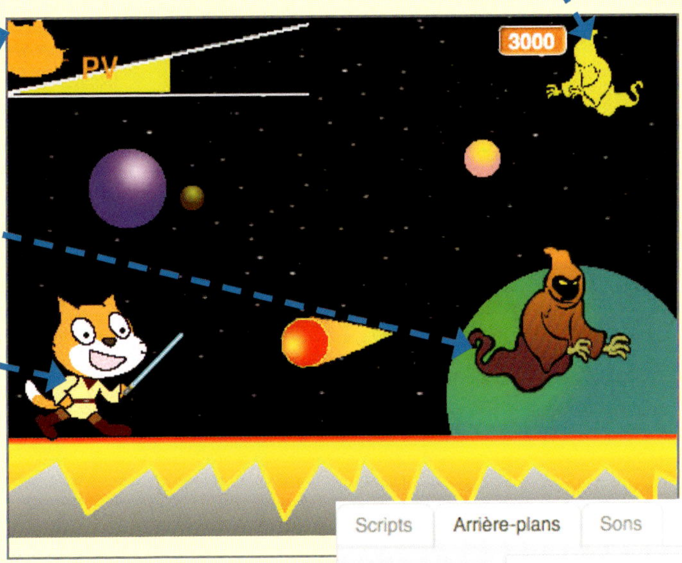

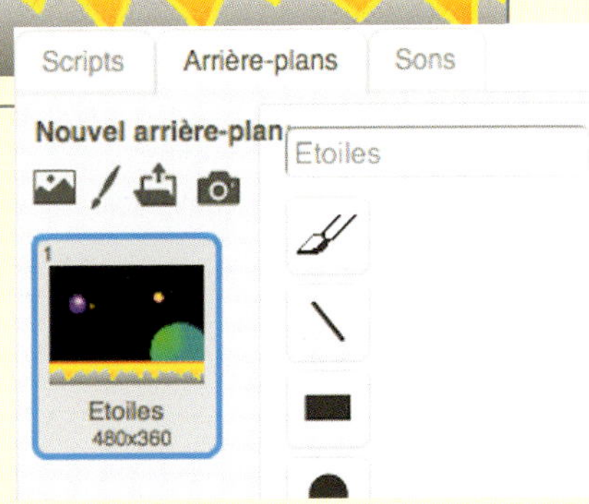

Commence par ouvrir le fichier ***09 - Combat final.sb2*** (Fichier ▸ Importer depuis votre ordinateur). Ce projet contient tous les lutins dont nous avons besoin, y compris la scène. Maintenant, passons aux choses sérieuses : la programmation !

Observe le lutin **Chat**. Nous utiliserons les quatre premiers costumes au début du jeu pour afficher progressivement le sabre laser. Le cinquième costume servira lorsque Scratchy saute.

Vérifie que tu cliques sur le lutin qui s'appelle **Chat** dans la liste. Ce jeu a en effet plusieurs lutins pour Scratchy ; tu vas vite comprendre pourquoi.

J'ai ajouté trois sons pour ce lutin dans l'onglet **Sons**. N'oublie pas que tu peux utiliser tes propres enregistrements.

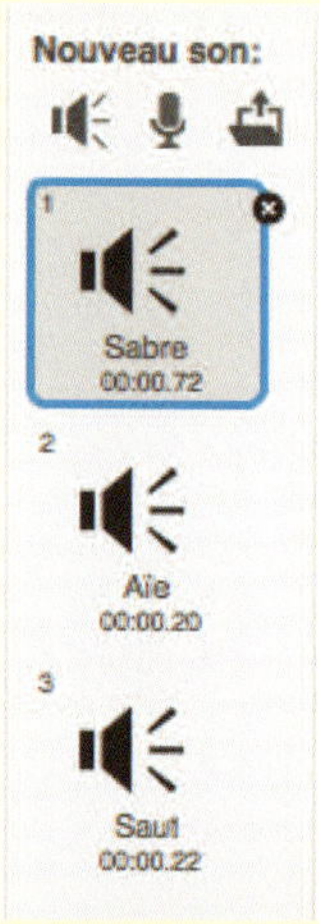

❶

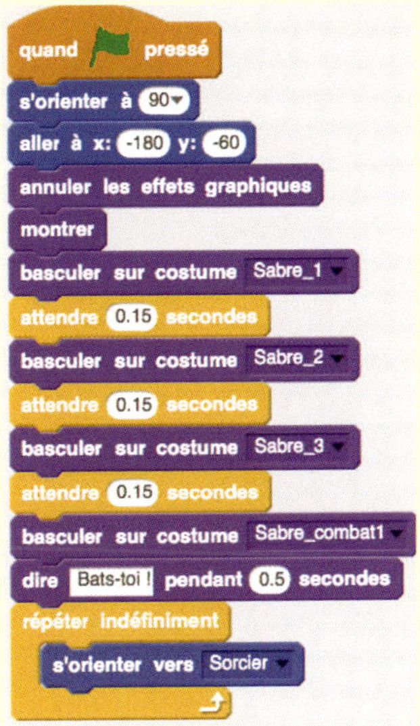

Écris le programme ❶ qui joue une animation sympa au début du jeu. Définis d'abord la position de Scratchy. Ensuite, grâce au bloc **basculer sur costume**, bascule sur les trois premiers costumes. Puis utilise le bloc **dire** pour que Scratchy dise «Bats-toi !». Enfin, le bloc **s'orienter vers** dans une boucle **répéter indéfiniment** permet que Scratchy soit toujours face au Sorcier noir.

Écris les programmes ❷, ❸ et ❹ pour déplacer Scratchy vers la gauche et la droite.

❷

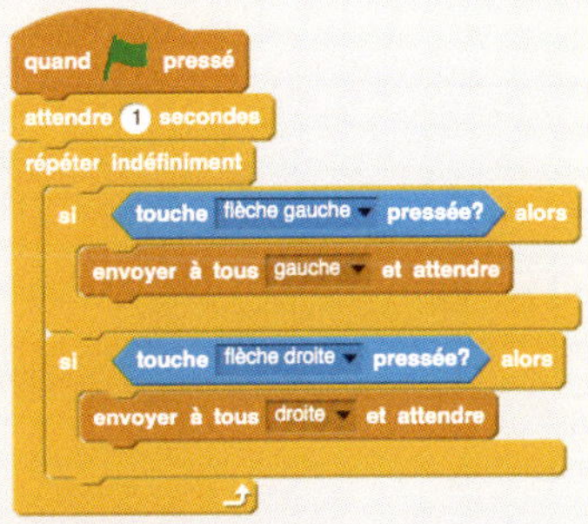

❸

❹

Clique sur [drapeau] pour vérifier que tes programmes s'exécutent parfaitement. Le jeu ne fonctionne pas encore, mais tu dois arriver à déplacer Scratchy.

❺

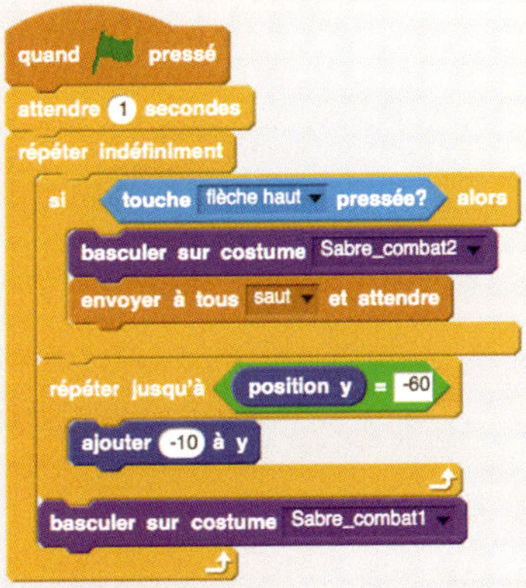

❻

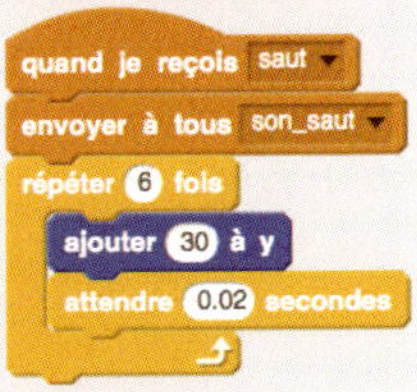

❼

C'est grâce aux programmes ❺, ❻ et ❼ que Scratchy saute. Le programme ❺ fait l'animation du saut en changeant de costume et envoie le message saut qui contrôle les programmes ❻ et ❼, puis crée également la «gravité» avec le bloc **ajouter -10 à y**. Lorsque Scratchy retombe sur le sol, il retrouve son costume Sabre_combat1. Le programme ❻ détermine la hauteur du saut et le ❼ sert juste à ajouter un effet sonore pendant celui-ci.

Astuce : remarque qu'on utilise le bloc **envoyer à tous et attendre** dans le programme ❷. C'est pour être sûr que le joueur ne saute pas trop souvent ou saute hors de l'écran ! Scratchy doit atteindre la position y = -60 pour sauter de nouveau – c'est la hauteur de la plate-forme.

9 NIVEAU

Tu vas créer de nouveaux messages pour déclencher les différentes attaques de Scratchy. Pour cela, on utilise une astuce. À chaque fois qu'il lance une attaque, on change en fait de lutin. Chaque type d'attaque possède en effet son propre lutin.

Dans le programme 8, nous allons donc cacher le lutin Chat et envoyer un message spécifique pour chaque type d'attaque : attaque1, attaque2 et attaque3.

8
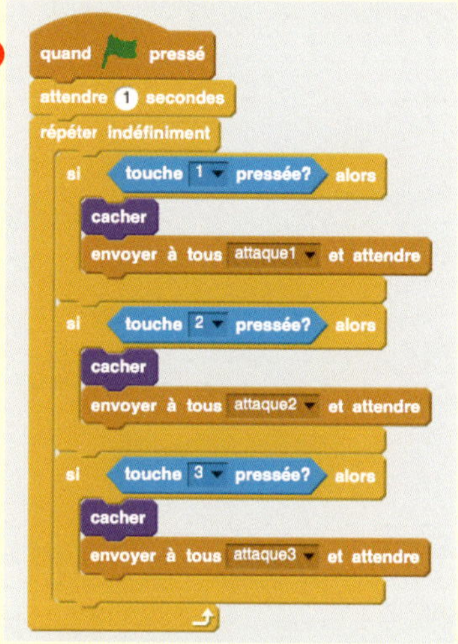

9

10
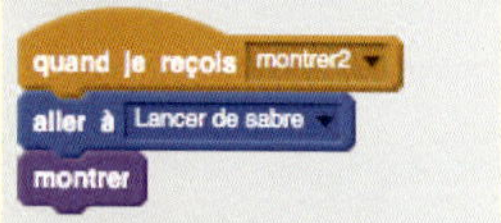

11

Les programmes 9, 10 et 11 utilisent les messages montrer1, montrer2 et montrer3. À la fin de chaque séquence d'attaque, ils serviront à afficher Scratchy avec le bloc **montrer**. Les blocs **cacher** et **montrer** fonctionnent ensemble : l'un le fait disparaître et l'autre réapparaître.

12
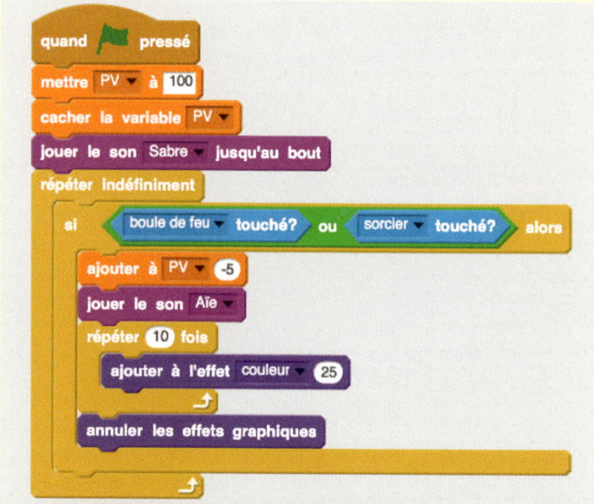

Crée une nouvelle variable PV (pour points de vie) via la palette **Données**. Écris le programme 12 qui attribue les points de vie à Scratchy au début du jeu et définit le nombre de points de vie enlevés pour chaque attaque réussie du Sorcier noir. À chaque fois que Scratchy touche les lutins du sorcier ou de la boule de feu, il perd 5 PV, le son Aïe retentit, et on utilise le bloc **ajouter à l'effet couleur** pour l'animer.

Le programme 13 détermine ce qui se passe quand Scratchy n'a plus de points de vie : un message perdu est envoyé.

13
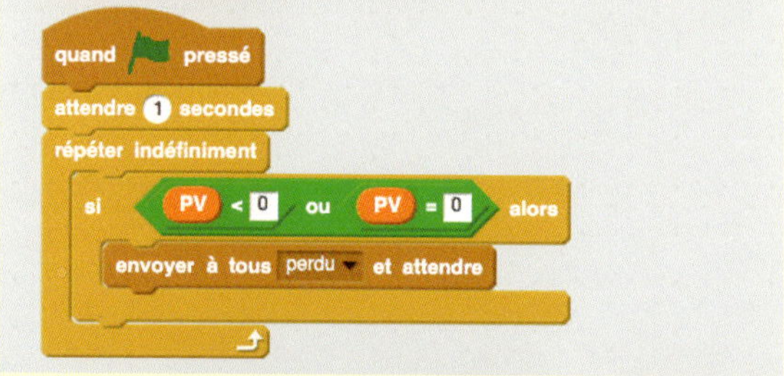

Maintenant, occupe-toi des costumes pour les attaques de Scratchy. Au lieu d'en ajouter au lutin Chat, employons un nouveau lutin **Sabre tournant**, qui servira pour l'attaque du sabre tournant. Te souviens-tu du programme 8 de la page précédente qui permet de cacher le lutin chat lors des attaques ?

Écoute le son **attaque1** de l'onglet **Sons**.

9
NIVEAU

Quatre programmes vont contrôler l'attaque du Sabre tournant. Le programme 1 permet à ce lutin d'**aller à** l'endroit où était le lutin Chat avant l'attaque. Grâce au programme 2, un effet sonore est ajouté lorsqu'il reçoit le message attaque1.

Le programme 3 fait tournoyer le sabre laser trois fois en utilisant le bloc **costume suivant** à l'intérieur d'une boucle **répéter 36 fois**, puis il envoie le message montrer1 pour indiquer au lutin Chat que l'attaque est terminée.

Le programme 4 définit les dégâts infligés au Sorcier noir en diminuant la variable PV sorcier. Celle-ci servira à suivre l'évolution des points de vie du sorcier.

Comme pour Scratchy, crée une variable PV sorcier à partir de la palette **Données**. Elle nous sera utile pour les programmes des trois types d'attaque de Scratchy.

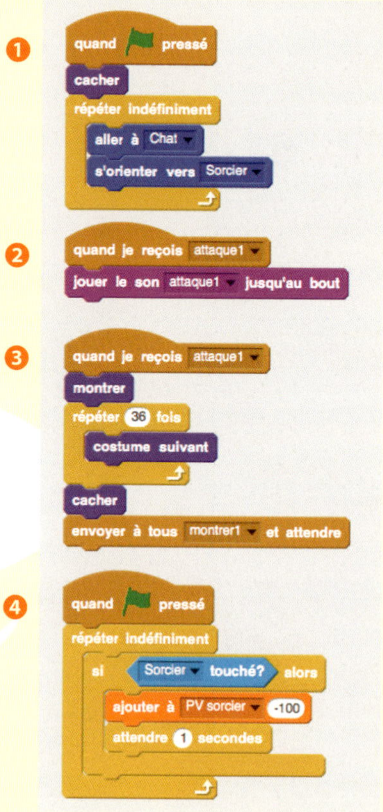

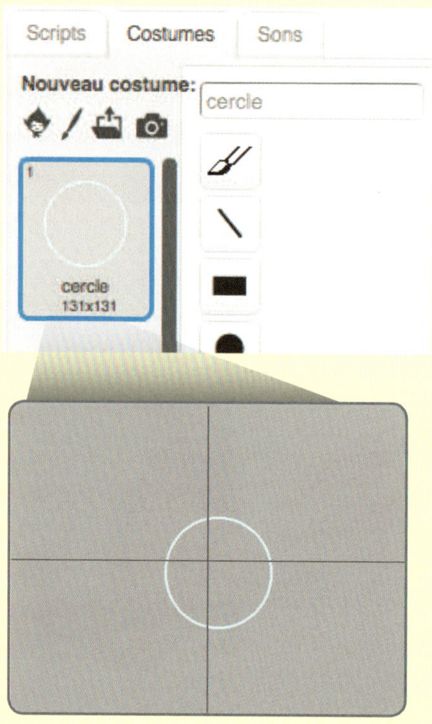

Pour réaliser une animation sympa, nous allons ajouter un cercle autour du sabre avec le lutin **Cercle**.

Astuce : pour être sûr que le cercle apparaisse au bon endroit pendant le jeu, sers-toi du bouton **Définir le centre du costume** dans Paint pour le centrer sur la main de Scratchy.

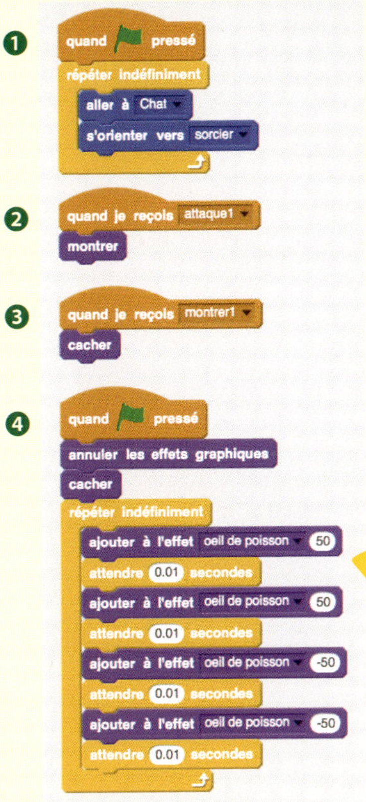

Écris ensuite quelques programmes simples pour le lutin **Cercle**. Avec le programme ❶, le cercle s'affiche au bon endroit. Grâce aux programmes ❷ et ❸, il n'apparaît que pendant attaque1. Dans le programme ❹, l'effet œil de poisson gonfle et contracte le cercle, créant une super animation.

Ici, tu attribues à toutes les attaques de Scratchy un super pouvoir défensif, en ne programmant rien pour les points de vie (PV). Souviens-toi qu'à la fin de l'attaque du sabre tournant, le programme envoie le message montrer1 qui fait apparaître le lutin **Chat**, alors vulnérable aux attaques. Le pouvoir défensif n'est donc que temporaire.

Clique sur [drapeau] et vérifie qu'en appuyant sur 1 tu déclenches l'attaque du sabre tournant. Teste de la même manière chacune des attaques lorsque tu as fini les programmes.

Maintenant, occupe-toi du lutin pour la deuxième attaque : le lancer de sabre. C'est un lutin simple avec un seul costume. Écris les programmes pour qu'il soit bien positionné et attende le message attaque2 pour démarrer (et montrer2 pour être caché).

9 NIVEAU

La partie excitante de cette attaque consiste à lancer le sabre. Ajoute un second lutin **Sabre**, exactement comme tu as ajouté un lutin (le cercle) pour l'attaque du sabre tournant. **Sabre** a quatre costumes : le sabre et trois costumes pour l'explosion.

Ajoute un programme qui se sert de ces costumes pour animer une explosion lorsque tu touches le Sorcier noir.

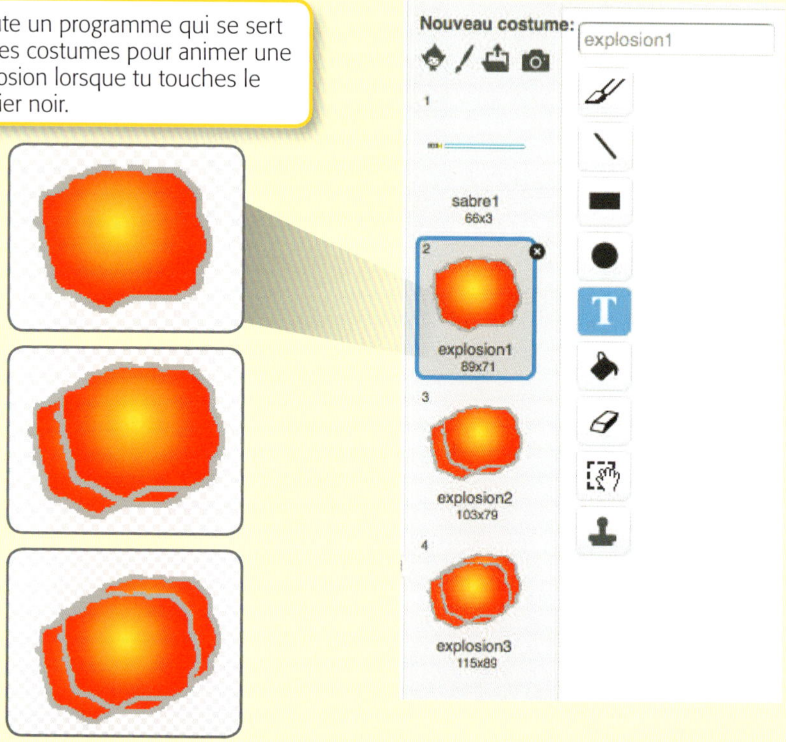

Écris le programme ❶ qui ajoute un effet sonore pour le lancer de sabre. Le programme ❷ détermine les dégâts infligés par l'attaque.

❶ ❷

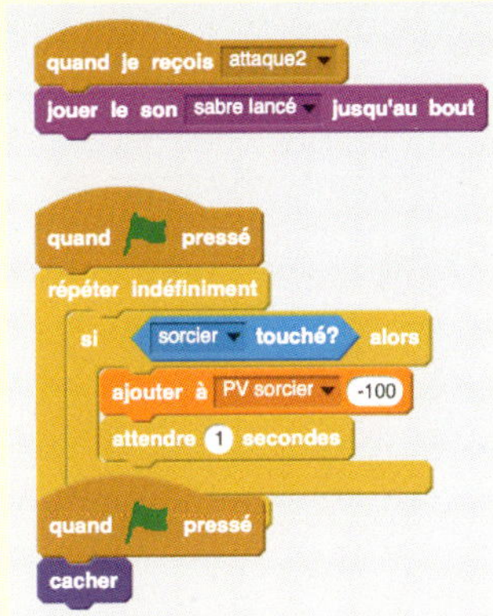

❸ ❹

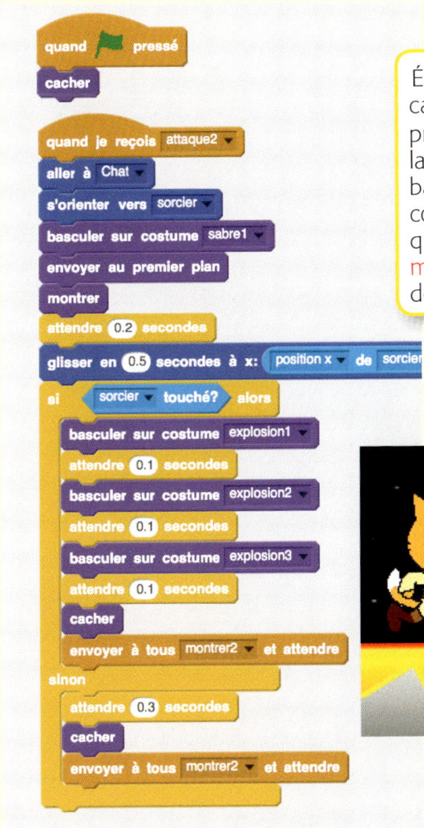

Écris ensuite ces programmes. Le programme ❸ cache le sabre jusqu'à ce qu'on en ait besoin. Le programme ❹ dirige le sabre vers le sorcier et le lance. Lorsqu'il touche le lutin **Sorcier**, le lutin **Sabre** bascule sur les costumes pour l'explosion. Remarque la commande **glisser** qui permet de trouver le sorcier où qu'il soit. À la fin du programme, on envoie le message montrer2. Scratchy rebascule alors sur le lutin **Chat** du début.

Où qu'il soit, il est possible d'atteindre le Sorcier noir avec l'attaque du lancer de sabre ! Assure-toi qu'elle fonctionne. Appuie sur 2 après avoir cliqué sur 🏴 et vérifie que le sabre atteint le sorcier.

9

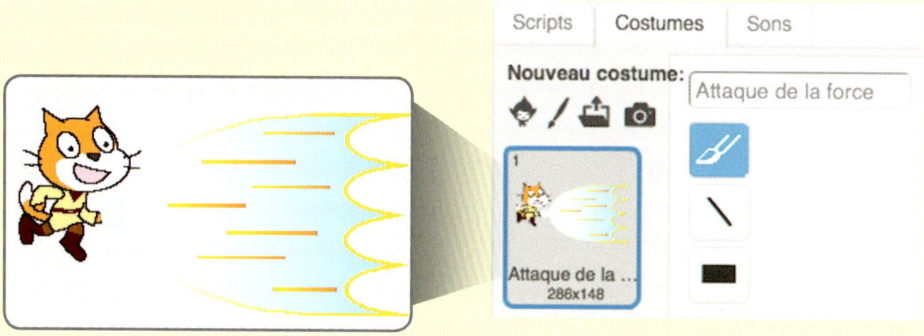

Programme enfin l'**attaque de la Force**. N'oublie pas que tu peux lui ajouter un nouvel effet sonore à partir de l'onglet **Sons.**

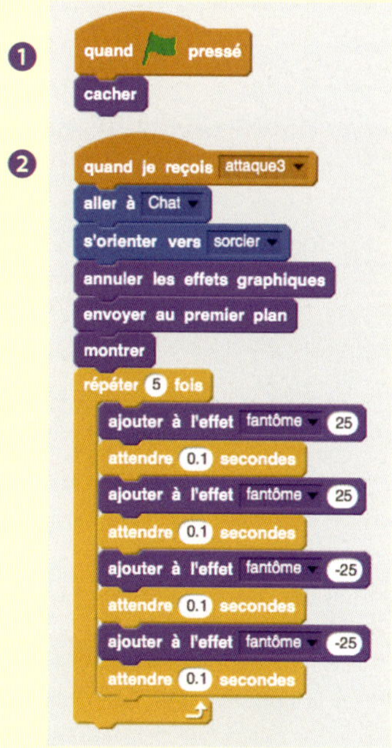

Le programme ❶ cache ce costume jusqu' à ce que tu déclenches l'attaque de la Force. Le programme ❷ utilise l'effet fantôme pour que l'image clignote. Même avec un seul costume, on a créé un super effet. Grâce à ce programme, notre attaque bouillonne d'énergie !

Écris le programme ❸ qui joue le son et le programme ❹ qui enlève 100 points de vie à la variable PV sorcier si le lutin Attaque de la force touche celui du Sorcier noir.

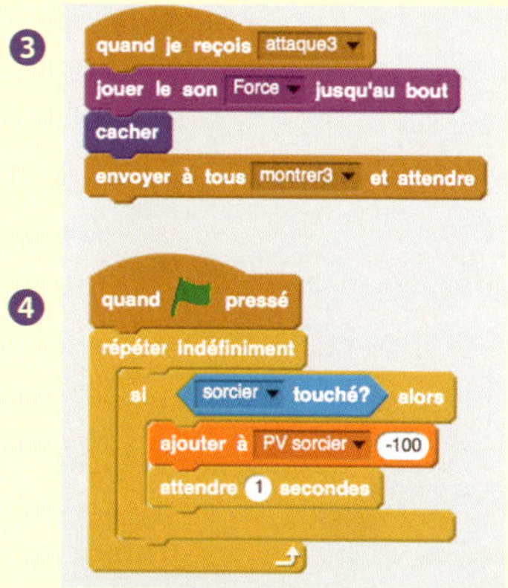

Le programme 5 aide Scratchy à atterrir lorsque cette attaque est employée en sautant.

5

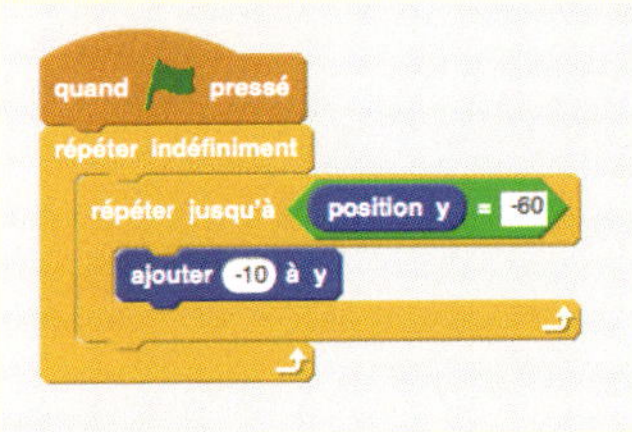

Ça y est, les trois attaques de Scratchy sont programmées. Clique sur [drapeau vert] et teste ton programme pour vérifier qu'il fait exactement ce que tu attends. Déplace et fais sauter Scratchy, et appuie sur 1, 2 et 3 pour déclencher les attaques. Maintenant, Scratchy est prêt pour son combat.

On peut enfin passer au Sorcier noir !

9 NIVEAU

Tout d'abord, commençons dans le programme 1 par définir sa position de départ (x : 170, y : -30) et sa taille (65 % de la taille du lutin original, pour qu'il ne soit pas trop grand). Le programme 2 contrôle ses déplacements sur la plate-forme ; il prend au hasard un endroit situé entre x : -85 et x : 170, puis glisse vers ce point à l'intérieur d'une boucle **répéter indéfiniment**.

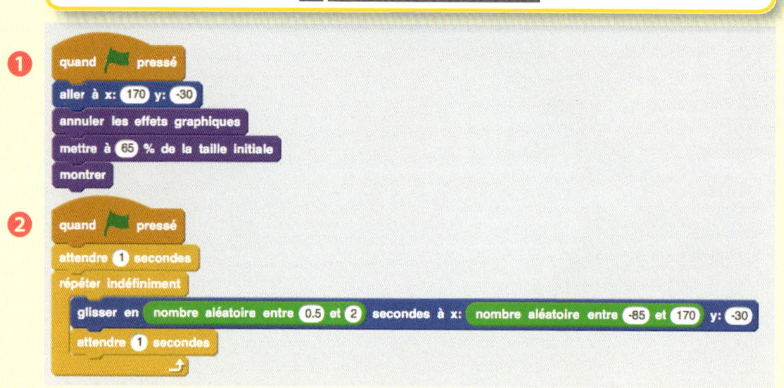

Dans le programme 3, sers-toi de la variable PV sorcier créée plus tôt pour suivre les points de vie du Sorcier noir. Dans ce programme, assure-toi qu'il fait toujours face à Scratchy.

Dans le programme 4, on ajoute deux blocs **si** à l'intérieur d'une boucle **répéter indéfiniment**. Si le Sorcier noir est touché par une des attaques de Scratchy, il change alors de couleur avec le bloc **ajouter à l'effet couleur**. Les programmes pour les attaques contiennent déjà les instructions qui enlèvent les points de vie à la variable PV sorcier.

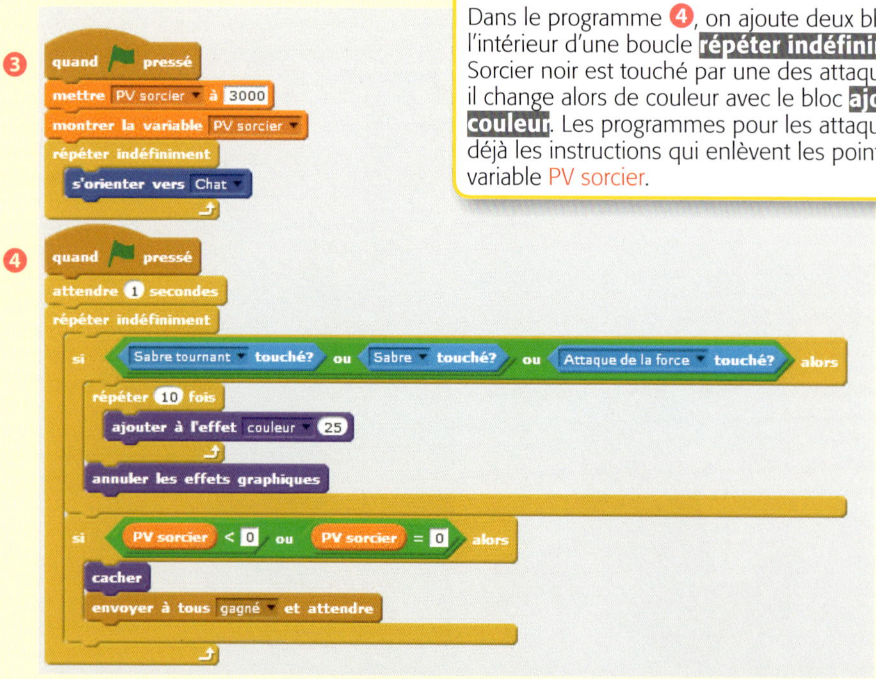

Maintenant, programme pour le sorcier un nouveau lutin appelé **Boule de feu**. Tu peux également lui ajouter un effet sonore.

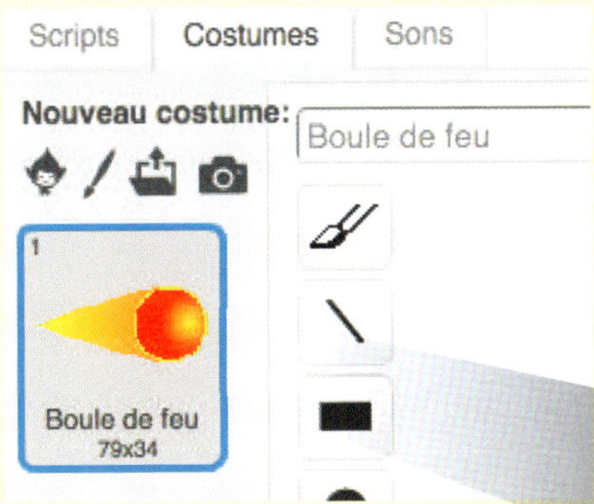

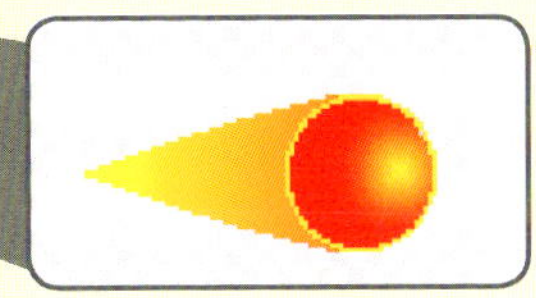

Écris le programme ❶ pour réaliser une belle animation avec l'effet œil de poisson.

❶

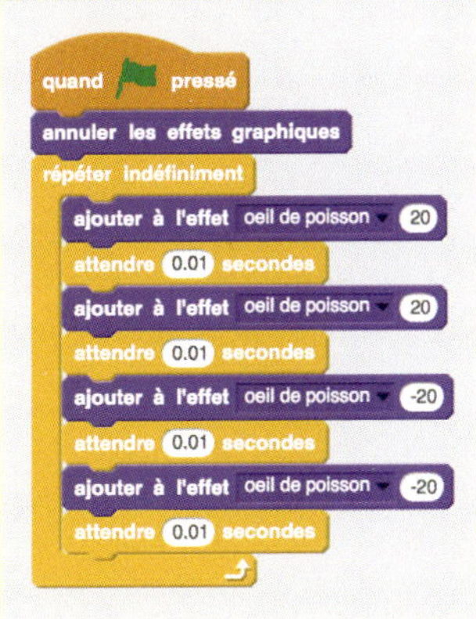

Écris ensuite le programme ❷ pour contrôler le temps entre les attaques du Sorcier noir et la direction des boules de feu ! Comprends-tu comment ça marche ?

Le programme ❸ joue le son associé à la boule de feu.

❷

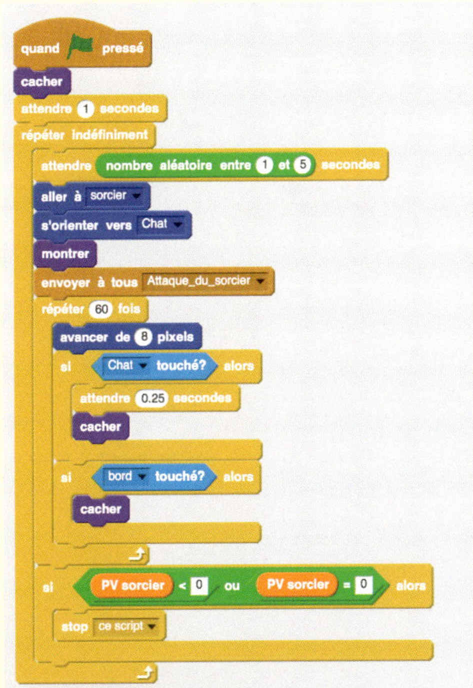

Astuce : on utilise le bloc **avancer** au lieu de **glisser** pour que Scratchy ait une chance de sauter pour éviter l'attaque. Les conditions **si Chat touché ?** et **si bord touché ?** font disparaître la boule de feu une fois qu'elle a touché Scratchy ou le bord de l'écran.

Le bloc **attendre 0.25 secondes** dans la boucle **si Chat touché ?** permet de prendre réellement en compte les dégâts causés par la boule de feu avant qu'elle ne disparaisse.

❸

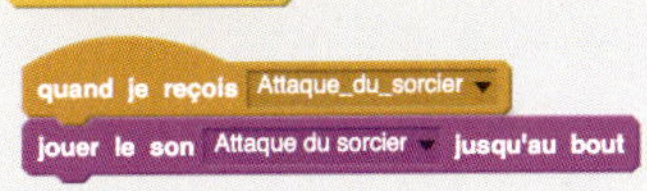

N'oublie pas de tester ton programme et vérifie que les boules de feu provoquent bien les dégâts que tu attends. Clique sur le drapeau vert et laisse une des boules de feu toucher Scratchy. Aïe !

9 NIVEAU

Maintenant que le programme principal est terminé, ajoutons des compteurs de points de vie personnalisés pour chaque personnage, comme il y en a dans n'importe quel jeu de combat. Tout d'abord, on utilise pour Scratchy le lutin **Vie** qui est une barre jaune.

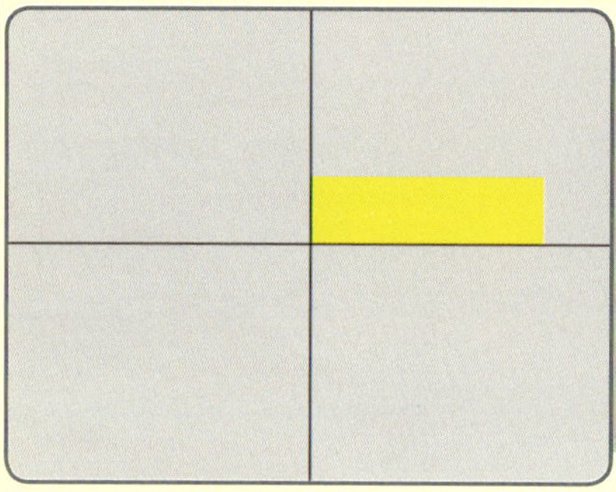

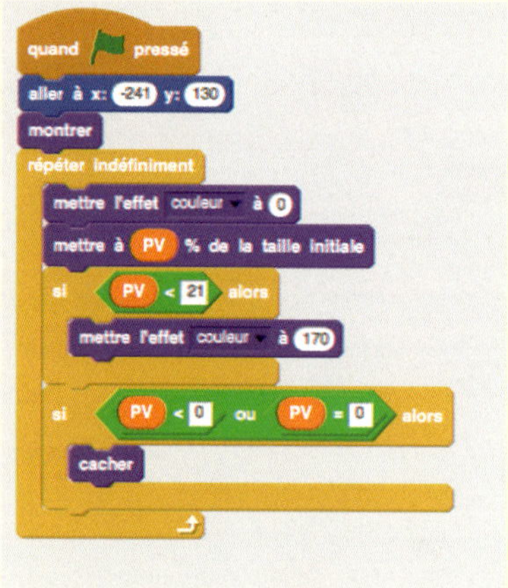

Écris ce programme avec le bloc **mettre à % de la taille initiale** qui diminue la taille de la barre à chaque fois que le nombre de points de vie est réduit. Lorsque ceux de Scratchy sont inférieurs à 21 %, alors la barre change de couleur pour avertir le joueur. La dernière boucle **si** cache ce lutin si le nombre de points de vie est égal ou inférieur à 0.

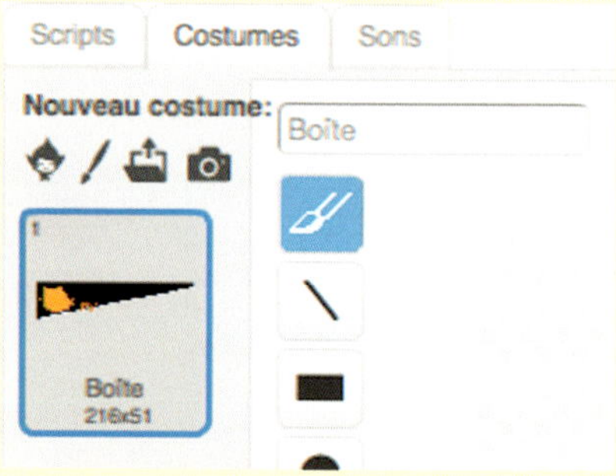

On peut superposer le lutin **Boîte** sur le lutin **Vie**. La moitié inférieure de la boîte est transparente, ce qui laisse voir une portion triangulaire de la barre du lutin Vie. Ce lutin Boîte nécessite un petit programme pour définir sa position.

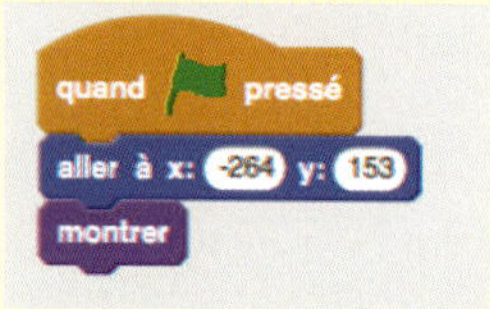

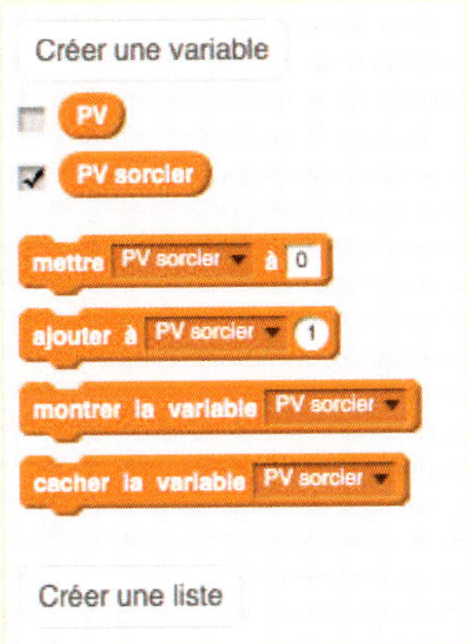

Pour cacher la variable PV afin qu'elle n'apparaisse pas sur l'écran, décoche-la dans la palette **Données**. C'est aussi possible avec la commande **cacher la variable** si tu veux l'ajouter à tes programmes.

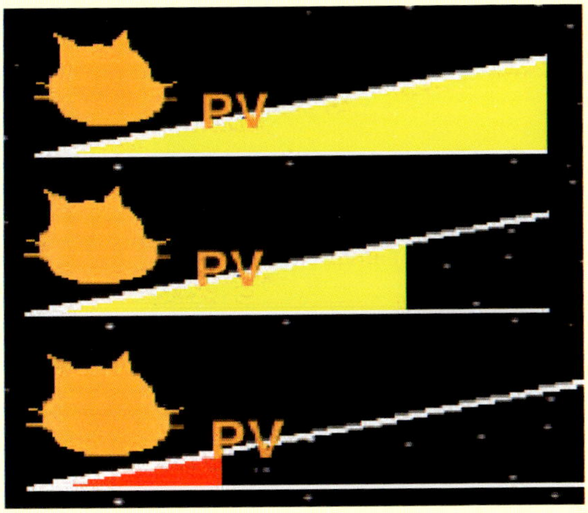

Maintenant, en regardant le coin en haut à gauche de la scène, tu peux lire le nombre de points de vie qui reste à Scratchy.

9 NIVEAU

Après avoir jeté un coup d'œil aux costumes du lutin **Vie_sorcier**, ajoute ce programme. Il définit la taille, la position et les conditions sur la valeur de la variable PV sorcier pour basculer d'un costume à l'autre.

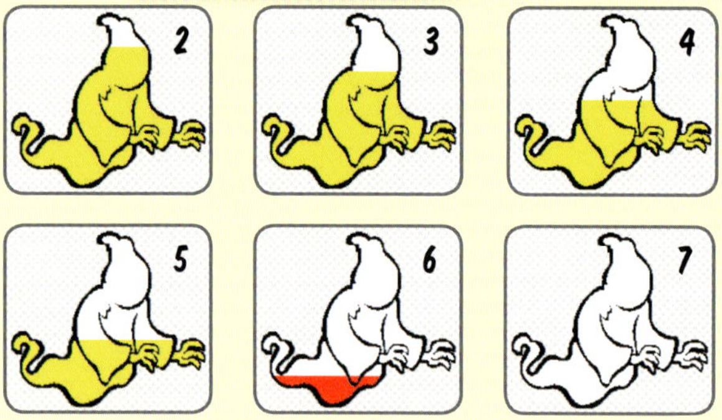

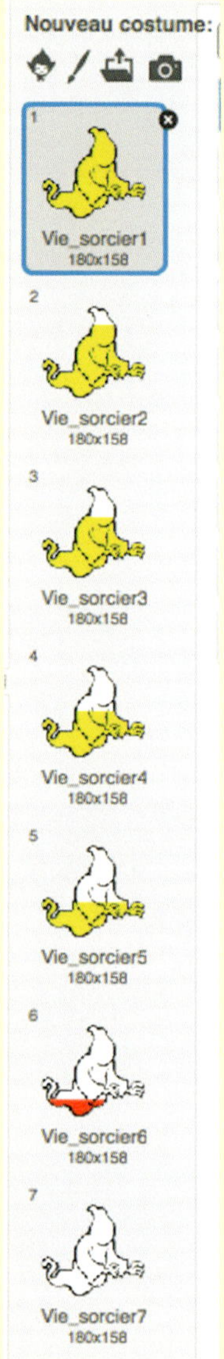

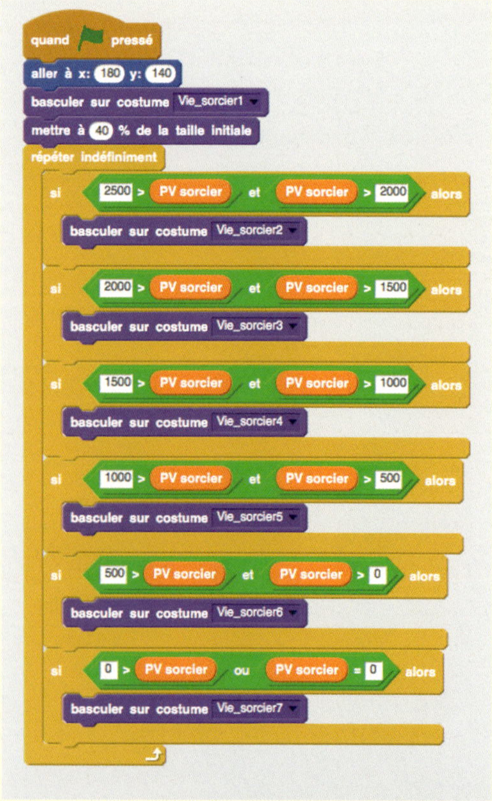

Nous allons suivre la variable PV sorcier avec un programme pour le lutin **Vie_sorcier** qui utilise sept costumes.

Ensuite, regarde sur la scène et trouve l'indicateur pour la variable PV sorcier dans le coin en haut à droite. Tu as le choix entre trois apparences (double-clique pour passer de l'une à l'autre) :
- vue standard ;
- vue ajustable (clique et tire sur la boule pour changer la valeur de la variable) ;
- vue numérique.

Comme tu vas utiliser un compteur personnalisé pour la variable PV sorcier, choisis la vue numérique, la plus simple.

Maintenant, occupe-toi des écrans qui s'affichent lorsque tu gagnes (**Gagné**) ou perds (**Perdu**). L'écran de victoire possède les deux programmes ci-dessous et n'apparaît que lorsqu'il reçoit le message gagné envoyé par le lutin Sorcier lorsqu'il n'a plus de points de vie (variable PV sorcier égale ou inférieure à 0).

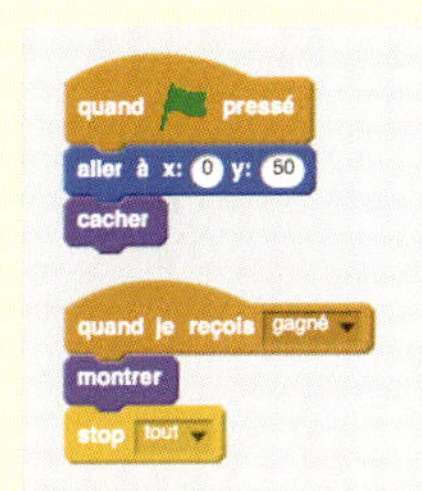

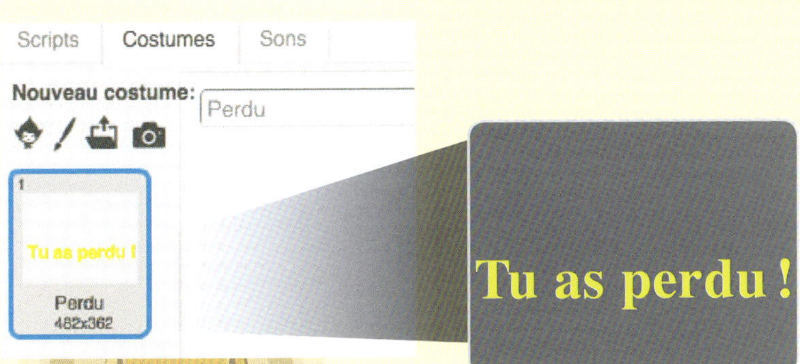

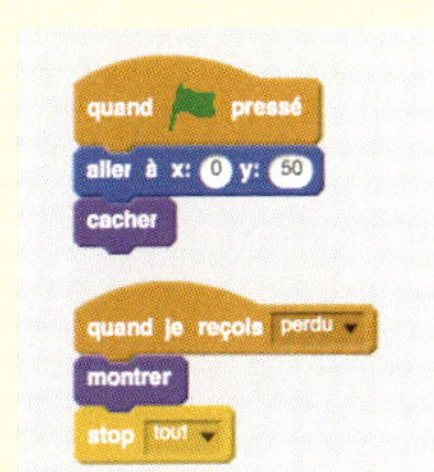

L'écran qui apparaît lorsque tu perds a également deux programmes presque identiques. Ça y est, on a terminé !

9
NIVEAU

Après avoir enregistré ton projet, essaie le jeu. Il mérite vraiment que tu y joues en mode plein écran. Entre dans la peau de Scratchy pour l'ultime bataille !

Le défi de Scratchy !

Tu as envie de jouer le rôle du méchant ? Ajoute le programme pour contrôler les mouvements du Sorcier noir pour jouer à deux. Tu peux aussi ajouter d'autres attaques ! À toi de jouer !

NIVEAU 10

ÉPILOGUE

NIVEAU 10

PRENDS CETTE BOULE DE FEU !!
LANCER DE SABRE !!
OH, NON !
J'AI PERDU !
QU'IMPORTE QUE CE SOIT DANS LE MONDE RÉEL OU NUMÉRIQUE, C'EST ÉGOÏSTE D'ESSAYER D'ÊTRE LE MAÎTRE DE L'UNIVERS. ENLÈVE TON MASQUE, SORCIER !
QUOI ?!
SURPRIS ? JE SUIS TON CÔTÉ OBSCUR, SCRATCHY. JE SUIS SORTI DE TOI PENDANT LA TEMPÊTE SOLAIRE.
TU ES MOI ? MAIS ALORS... QUI SUIS-JE ?
NOUS SOMMES COINCÉS DANS LE MONDE NUMÉRIQUE DEPUIS TROP LONGTEMPS, SCRATCHY. TU N'AS PAS ENVIE D'ÊTRE LIBRE ?
MAINTENANT QUE J'AI APPRIS À PROGRAMMER, JE NE PENSE PLUS DE CETTE FAÇON. JE SUIS LIBRE D'ÉCRIRE TOUT CE QUE JE VEUX !
ET NOUS AVONS AUSSI APPRIS À TRAVAILLER ENSEMBLE ! NOUS NE T'AURIONS JAMAIS BATTU TOUS SEULS.
POURQUOI SUIS-JE HEUREUX ? MES PV SONT ENCORE EN TRAIN DE DIMINUER !

AH, JE SUIS EN PAIX. MERCI DE M'AVOIR LIBÉRÉ DE MA COLÈRE. PARDONNE MES ERREURS ET MES SERVITEURS.
UTILISE LE JOYAU MAGIQUE POUR RÉTABLIR L'ÉQUILIBRE DE L'UNIVERS...
LES DÉFENSEURS COSMIQUES VOUS REMERCIENT. NOUS POUVONS RÉPARER LES DÉGÂTS ET VOUS RENVOYER VERS LES DIMENSIONS AUXQUELLES VOUS APPARTENEZ.
À BIENTÔT, C'EST SÛR, SCRATCHY.
MIAOU ! JE PARIE QUE TU SERAS ENCORE UN MEILLEUR PROGRAMMEUR LA PROCHAINE FOIS QU'ON SE VERRA !
MITCH, JE TE LAISSE LE MANUEL SECRET POUR ÊTRE SÛR QUE TU TE SOUVIENNNNNNES...
SCINTILLE
BRILLE
EXPLOSION DU JOYAU MAGIQUE !
D'APRÈS LES MÉTÉOROLOGISTES, LES TEMPÊTES SOLAIRES ONT AFFECTÉ LES TRANSMISSIONS RADIO...
ZZZZZ
You Win!
QUEL DRÔLE DE RÊVE ! C'ÉTAIT PRESQUE RÉEL.
ET MAINTENANT, QUEL JEU VAIS-JE PROGRAMMER ?

CRÉDITS

Histoire et programmation des jeux

Edmond Kim Ping Hui
The LEAD Project
La Fédération des groupes de la jeunesse de Hong Kong

Dessins

LOL Design LTD.

Programme Scratch

Mitchel Resnick
Lifelong Kindergarten Group du MIT Media Lab

Adaptation et traduction en langue française

Frédéric Pain

Édition en langue française

Éditions Eyrolles

Merci d'avoir joué !

EN CONCLUSION

J'espère que tu as apprécié l'histoire des aventures de Mitch et Scratchy, et leur combat gagné contre le Sorcier noir grâce à leur gentillesse. J'espère que tu as également aimé apprendre en créant avec Scratch. Créer des jeux est certainement une des meilleures façons de s'initier à la programmation.

Mais il n'y a pas qu'une seule façon d'apprendre. Tant que tu auras le courage de prendre des risques, de tirer les leçons de tes échecs, de t'accrocher à tes objectifs et d'essayer de t'améliorer, tu pourras continuer à apprendre. Et Scratch est un excellent outil pour cela.

J'espère sincèrement que ce livre t'encouragera à réaliser avec Scratch des projets qui surprendront et impressionneront ta famille et tes amis !

Edmond Kim Ping Hui
Team Leader and Registered Social Worker (HK)
Learning through Engineering, Art and Design Project
Fédération des groupes de la jeunesse de Hong Kong

RESSOURCES EN LIGNE

Rends-toi sur *www.editions-eyrolles.com/go/scratch* et télécharge les ressources de ce livre. Tu y trouveras :

- tous les projets de l'ouvrage qui te permettront de jouer. N'oublie pas que tu peux utiliser les lutins, les scripts et les sons de tes propres jeux. Tu as juste à les glisser dans ton Sac à dos (voir page 39) ;
- le guide « Pour bien commencer avec Scratch » rédigé par l'équipe de Scratch.

1

SCRATCH – IMAGINER, PROGRAMMER, PARTAGER

Site officiel de Scratch. Tu peux y jouer, remixer, construire des projets et les partager. En étant inscrit, tu accèdes au Sac à dos pour récupérer des scripts, des lutins, des sons afin de les insérer dans tes propres projets.
http://scratch.mit.edu/

2

SCRATCHED

Site dédié aux enseignants et éducateurs et, plus généralement, à tous ceux intéressés par Scratch. Il propose des ressources principalement en anglais et un forum de discussion qui couvre les aspects pédagogiques et techniques, les évolutions de Scratch et l'actualité des événements autour du logiciel.
http://scratched.gse.harvard.edu/

3

L'AIDE SCRATCH

Site d'aide et de ressources en français, incluant des cartes pratiques pour commencer ainsi que des tutoriaux vidéo.
http://scratch.mit.edu/help/

4

LE FORUM SCRATCH

Pour les utilisateurs francophones de Scratch.
http://scratch.mit.edu/discuss/15/

5

POUR EN SAVOIR PLUS

Site proposant des ressources en français.
http://scratchfr.free.fr/

6

LIFELONG KINDERGARTEN GROUP DU MIT MEDIA LAB

Le site du laboratoire qui a développé Scratch, au sein du Media Lab du MIT.
https://llk.media.mit.edu/

Dépôt légal : octobre 2016
Imprimé en Pologne par Interak